José Antonio Alzate y Ramírez, Su Tiempo, Nuestro Tiempo

(José Antonio Félix Alzate y Ramírez de Cantillana)

Investigador y divulgador en la Ilustración

Hugo Mendieta Zerón

Dedico este ensayo a la esencia de México, nación que pese a haber tenido y seguir teniendo políticos funestos empecinados en llevarla a la extinción, existe, tiene fuerza y despertará.

SEP-INDAUTOR, Registro Público: 03-2013-010910003800-01
ISBN: **978-607-00-7139-3**

Acerca del autor

Hugo Mendieta Zerón

(Toluca, México, 1974). Médico general por la Universidad Autónoma del Estado de México (UAEMex), especialista en Medicina Interna (Centro Médico Nacional "20 de Noviembre" y Hospital General "Dr. Darío Fernández Fierro" del Instituto de Seguridad Social al Servicio de los Trabajadores del Estado (ISSSTE), Universidad Nacional Autónoma de México, (UNAM)), Maestro en Ciencias Médicas (UNAM, maestría iniciada al mismo tiempo que los últimos años de medicina interna) y Doctorado por la Universidad de Santiago de Compostela, España, del Programa Interuniversitario en Endocrinología.

Ha obtenido los siguientes premios: 3er Lugar, I Olimpiada Nacional de Química. 1992; 1er Lugar, II Olimpiada Nacional de Biología. 1992; Reconocimiento y Medalla al Mérito de la Universidad Autónoma del Estado de México 1992; Reconocimiento del Presidente de la República en 1993; 2o Lugar, IV Congreso Nacional Estudiantil de Patología. 1995; 2o Lugar, I Concurso Universitario de Brigadas de Primeros Auxilios. 1996; Presea Estado de México a la Juventud Felipe Sánchez Solís 1996; 1er Lugar, I Congreso Científico Mexicano de Estudiantes de Medicina. 1997; 2o Lugar, XII Congreso Científico Internacional FELSOCEM. **Sucre, Bolivia**. 1997; Mención Honorífica. Titulación de la Carrera de Médico Cirujano. 1999; 3er Lugar. II Foro Interinstitucional de Investigación en Salud. (Cartel). 1999; *Young International Award.* 26o Congreso Mundial de Medicina Interna. **Kyoto, Japón**. 2002; 3er Lugar. Jornadas Médicas, 42 Aniversario, Centro Médico Nacional "20 de Noviembre". 2003; Mención Honorífica por el ISSSTE. Especialidad de Medicina Interna. 2004; Ganador de la Convocatoria del Instituto Científico Pfizer del Fondo para investigación. 2004; Medalla de la UNAM por haber terminado en tiempo y forma la Maestría en Ciencias Médicas. 2005.

En el área médica ha publicado los libros "Temas de vanguardia" con la editorial PRADO, "Manual de Urgencias y Medicina Interna" con la editorial Formación Alcalá (España) y ha sido Secretario Editor y coautor de dos temas en el libro "El Internista" 3ª ed, Nieto Editores, además ha publicado 30 artículos médicos, 9 de los cuales están en revistas indexadas en PubMed.

En el ámbito literario entre los premios y estímulos que ha obtenido destacan: 3er lugar del Certamen Estatal “Los Jóvenes Opinan” 1993; 2do lugar del Certamen Estatal de Expresión Escrita 1993; Mención Honorífica en el género de Cuento en el certamen “Los Símbolos Patrios” 1994; 3er lugar del IV Concurso Nacional “Carta a mis padres” 1996; 1er lugar del Concurso para la Elaboración de un Libro de Historia de la Ciencia para Estudiantes de Enseñanza Media y Media Superior 1997; 2o lugar en el certamen Para leer la Ciencia desde México/La ciencia para todos 1998; 2° lugar del Concurso Nacional de Ensayo Reflexión sobre el presente y futuro de los Derechos Humanos en México 1999.

Ha publicado un cuento en la colección “Estampas de la Ciencia”, Fondo de Cultura Económica; la novela “Una familia mexicana. Historia de 7 generaciones”, editorial EDAMEX; ha sido compilador de “Tres personajes de noble espíritu”, Instituto Mexiquense de Cultura; “Historias da inmigración en Galicia”, Unidixital (España) y editor y prologuista de “Semblanza de un Guerrero, Hernán Cortés, Conquistador, Corrió el velo de una leyenda e hizo de ella una realidad histórica”.

Abreviaturas

AGNM: Archivo General de la Nación de México
AHCM: Archivo Histórico de la Ciudad de México
IPN: Instituto Politécnico Nacional
OCDE: Organización para la Cooperación y el Desarrollo Económicos
PISA: Programme for Indicators of Student Achievement
RSBAP: Real Sociedad Bascongada de los Amigos del País
UNAM: Universidad Nacional Autónoma de México

Índice

PROLOGO

Leído en el libro *El Laberinto de la Soledad* de Octavio Paz, primera edición (año 1950), que compré en una librería de viejo en uno de mis viajes a México, un país por el que declaro una especial atracción, que siento con su literatura, con su historia, con sus paisajes, con su gastronomía, con su música, y que veo culminada en los muchos y grandes amigos que tengo la fortuna de poseer en esa, para mí, maravillosa tierra: "Ellos son crédulos, nosotros creyentes; aman los cuentos de hadas y las historias policíacas, nosotros los mitos y las leyendas. Los mexicanos mienten por fantasía, por desesperación o para superar su vida sórdida; ellos no mienten, pero sustituyen la verdad verdadera, que es siempre desagradable, por una verdad social. Nos emborrachamos para confesarnos; ellos para olvidarse. Son optimistas; nosotros nihilistas –sólo que nuestro nihilismo no es intelectual, sino una reacción instintiva: por lo tanto es irrefutable–. Los mexicanos son desconfiados; ellos abiertos. Nosotros somos tristes y sarcásticos; ellos alegres y humorísticos. Los norteamericanos quieren comprender; nosotros contemplar. Son activos; nosotros quietistas: disfrutamos de nuestras llagas como ellos de sus inventos. Creen en la higiene, en la salud, en el trabajo, en la felicidad, pero tal vez no conocen la verdadera alegría, que es una embriaguez y un torbellino. En el alarido de la noche de fiesta nuestra voz estalla en luces y vida y muerte se confunden; su vitalidad se petrifica en una sonrisa: niega la vejez y la muerte, pero inmoviliza la vida." Dos formas de entender la vida, el norte y el sur, desgracia o privilegio, pero dos mundos condenados a entenderse, ya que, dígase lo que se diga, no es del todo justo culpar a los Estados Unidos de todos los males pasados, presentes y futuros. Y es precisamente a través de esta contraposición como Octavio Paz llega a delimitar la filosofía de lo mexicano, esa que buscaron con denuedo Antonio Caso, José Vasconcelos, Samuel Ramos, Leopoldo Zea, Emilio Uranga, José Gaos y otros. Se trata de prototipos accidentales, que forman parte de dos países, americanos ambos, que se irán haciendo diferentes a como son ahora, pienso y deseo que quizá más iguales, de la mano de las circunstancias, que también son las que les llevaron a ser como son hoy, al igual que las personas países con identidades diferentes pero con un idéntico objetivo: el bienestar de sus habitantes. Tómese, sin ir más lejos, como ejemplo de evolución, de cambio, a nosotros los españoles, de los que se decía que éramos unos señores morenos, bajitos y con bigote, y que hoy, los más jóvenes, muestran ya una media de talla que ha alcanzado los 177 centímetros y que, sobre todas las cosas, nos ha hecho europeos. Nadie negará que todos llevamos una máscara, la que corresponde a cada momento evolutivo, pero detrás de la cual se esconde el hombre sin más, que tiende a adaptarse eidéticamente al devenir histórico, a estrenar una nueva careta. De acuerdo con Ortega, el mundo de cada hombre o generación es lo que se denomina su circunstancia, cada hombre está situado en una parte del mundo que es él mismo, y cada hombre es una porción del mundo, de modo que la historia es solo una sucesión de perspectivas únicas e intransferibles. Las personas poseen, en efecto, una individualidad pero, dado que las circunstancias son similares para todos los hombres que viven en un determinado lugar, resulta lógico que se produzca un común denominador que conduce a la identificación de un tipo de hombre, un prototipo, que hace que no observemos grandes diferencias entre ellos. El hombre siempre buscó hacerse con un uniforme, si bien siempre cabe encontrarse con el diferente, con el que busca distinguirse. Ernst Cassirer afirma: "La característica predominante del hombre, su nota distintiva, no es su naturaleza física o metafísica sino su trabajo." Es eso lo que les alejará de la mediocridad y les conduce a la excelencia. En tal sentido, Abelardo Villegas apunta lo siguiente: "La historia se ocupa de aquellos hombres que dentro de esa unidad de estudio histórico de que hemos hablado destacan como existencias originales, es decir, como existencias creadoras, hombres dueños de sí mismos. Mientras más vigorosos y originales son, más atraen la atención de la historia." Se trata de hombres esforzados, capaces de levantar la cabeza sobre el cuerpo. Serían los distintos entre la masa popular, figuras de primera importancia. Volverse hacia lo individual, hacia lo desigual por trascendente, despegarnos de lo común, es tratar de estimular, de abrir nuevas puertas, de demostrar que todo es posible. Entre tales existencias originales nos encontramos en la historia de México con una bien destacada: José Antonio Alzate y Ramírez.

Hugo Mendieta Zerón, al que conocí a través de mi quehacer profesional, como miembro del tribunal que juzgó su brillante trabajo de Tesis para obtener el grado de Doctor en Medicina por nuestra Universidad de Santiago de Compostela, me solicitó este prólogo de introducción sobre la figura tan señera y tan importante para el devenir de la historia de México, como es la de Alzate. Conociendo los méritos que avalan como médico y como humanista a Mendieta, un trabajador infatigable como lo demuestra su currículum, no he sabido ni podía negarme.

Permítanme, antes de entrar en otras consideraciones, ya que debo confesar que me resulta inevitable, detenerme por un momento en otra figura importante en la historia de México, la del escritor José Vasconcelos, admirable aunque sólo fuera por su irreductibilidad a formar manada, autor de *Ulises criollo*, el primero de los cuatro tomos de su autobiografía, que la mayoría catalogan de auténtica novela, y la cual tuvo un éxito fulgurante entre los lectores mexicanos de 1935, derivado en gran medida de una gran libertad de lenguaje que sorprendió a sus coetáneos. En dicha obra Vasconcelos esculpió su propia estatua, alegando eso sí, sinceridad: "El misterio de cada vida no se explica nunca, y apenas si nosotros mismos podemos rescatar del olvido, unas cuantas escenas del panorama intenso en que se desarrolló nuestro momento", una cierta forma de disculpa. Quizá haya sido el subconsciente, que casi siempre acaba sabiendo a donde va, el que me condujo a Vasconcelos. También, como él, pretendo escribir con sinceridad, me precio de ello, y más a estas alturas de la vida. En definitiva, sólo aspiro a que nadie me catalogue de hipócrita. "En este país, saturado de lenguas viperinas: de frenéticos chismosos, casi nadie es capaz de tener la nobleza de poner en el papel, con la responsabilidad que implica toda escritura, cualquier juicio de valor sobre la gente, por muy incoloro que sea". Palabras de mi admirado Josep Pla, al que, leal con mi estilo, no me costará un gran esfuerzo hacerle caso.

Fiel, por lo tanto, a mi propósito de decir lo que un hombre libre debe, me encuentro, no sin cierto grado de sorpresa, con la labor muy facilitada por un texto que se me anticipa en lo que yo quería declarar. Se titula Iberoamérica y su autor es un lúcido y brillante escritor, Antonio Gala, del que destacaríamos su sana costumbre de narrar sin tapujos lo que piensa. Me uno a sus afirmaciones sin el más mínimo recelo y destaco lo siguiente: "Otra cosa son la deficiencia en instrucción y formación laboral, el abandono provocado desde arriba y sufrido con sumisión desde abajo; los clientelismos feroces; la mala digestión de las ideologías; el endiosamiento de militares o civiles; el desprecio de unas clases por otras, de unas regiones por otras; las revoluciones desastrosas, o bien empezadas pero mal concluidas...". Cuando leo cosas así me acuerdo del mexicano Joaquín Fernández de Lizardi: "...os suplico no prestéis atención a esos señores, ni a las viejas hipócritas, ni a los curas interesables y que saben hacer negocio con sus feligreses vivos y muertos, ni a los médicos ni abogados chapuceros..." Creo que, sobre todas las cosas, lo que subyace en muchos de los países iberoamericanos es una falta de calidad social, de cumplimiento por parte de todos, predomina la picaresca, la corrupción generalizada. Estamos ante sociedades heridas, atacadas peligrosamente en lo que debería ser la norma más apreciada, sentirse ser y hacer las cosas bien. Solo en el marco de una convivencia honrada, siempre que eso no signifique suprimir la imaginación de los más pobres, enfrascarse en una cacería de brujas, coartar la capacidad de supervivencia de los más débiles, acaba lastrando el esfuerzo de todos. Con esto quiero significar, por si no se me entiende correctamente, que en algunos países la justicia parece que solo existe para ejercerla cuando el acusado no tiene posibles para defenderse y que, pobre hombre, si cumpliera a rajatabla con lo que el estado le exige no sería capaz de sobrevivir. Nosotros, los españoles, hemos caído, hemos sufrido a los que se dicen salvadores de la patria, los que se proponen como capaces de solucionarlo todo a golpe de ordeno y mando, y hasta hemos sido un poco el trastero de la "dulce" Francia, como los países de Hispanoamérica de USA, México muy especialmente. Su caída, la de todos esos países hermanos, coincidió con la nuestra pero ellos insisten y persisten. Después de 200 años de independencia que nadie se atreva a responsabilizarnos de que su presente todavía depende de lo que nosotros les dejamos o quitamos. Como dice Gala, "España puede respirar hondo". Quizá llegue el día en que todos esas naciones dejen de avergonzarse de su tradición española y avancen por el siglo XXI conscientes de abrirse definitivamente a lo que realmente son y sentirse orgullosas de ello. Sólo así todas esas zonas poseedoras del mayor porvenir de toda la tierra serán capaces de alcanzar el destino que se merecen.

Alzate era hijo de padre español y madre mexicana, un criollo, que como alguien dijo, mexicanos debían ser los que restituyesen a su cuna legítima a su amada patria desterrada. Este hombre, junto con Clavijero, Alegre, Gamarra, Bartolache dan sentido a la modernidad de México. Como señala Navarro Barajas, en su libro *Cultura mexicana moderna en el siglo XVIII*, esa labor corre, en los dos primeros, aproximadamente desde el año 48 hasta el 67; la de Gamarra, claramente desde el 70 hasta el 84; la de Bartolache desde el 63 hasta el 90, y finalmente la de Alzate desde el 68 hasta el 99. Los tres primeros, señala el mismo autor, se mueven especialmente en el campo de la filosofía, y de ella derivan hacia la ciencia, cuando es necesario; los dos últimos se dedican de modo principal y casi exclusivo al terreno científico, tocando más bien incidentalmente el filosófico; y mientras éstos se ocupan de la difusión y divulgación hasta los medios populares, los primeros escriben más bien para el medio culto y académico. Alzate se interesó, sobre todo, por el bienestar social y material de los mexicanos mediante la aplicación práctica de la ciencia y de sus inmensos conocimientos, lo que le convierte en el símbolo de la cultura ilustrada del siglo XVIII. Una frase suya: "Un hecho bien observado no admite duda". Alzate era un hombre de carácter, que sostuvo muchas polémicas, resueltas, en ocasiones, mediante observaciones y experimentos de gran interés y agudeza. Pensaba lo mismo que un contemporáneo suyo en España, el clérigo Benito Jerónimo Feijoo. El vasto campo de sus actividades científicas no reconoció límites: escribe, redacta, sostiene un periódico científico, experimenta, construye instrumentos, lee, discute y charla. Fue un enciclopédico, un hombre al que le interesó todo, que puso todo su saber científico al servicio de la vida, capaz de producir con los pensadores y hombres ilustrados de su época una cultura autóctona independiente. Entre todos ellos, se puede asegurar que Alzate fue el principal forjador de la cultura criolla y contribuyó de forma decisiva a *crearle un alma* a su nación, a proyectar la nueva patria de los mexicanos. Como afirma Navarro Barajas, "precisamente en eso consiste su valor: en dar la mano al pasado y otra al provenir, en recibir una herencia y dejar un legado." La Academia Nacional de Ciencias de México entrega cada año el premio José Antonio Alzate al mejor trabajo científico y en la capital, en la colonia Santa María la Ribera, una calle lleva su nombre.

La historia no debe olvidarse, figuras como Alzate, engendran los principios, las raíces de un país, pero también es necesario mirar al futuro. "México necesita una nueva épica nacional cuyo eje no puede ser sino el bienestar de las mayorías, la promesa de seguridad (sin seguridad no puede haber progreso, añado yo), empleo, educación, salud, movilidad y seguridad social: un horizonte de modernidad que ampare el seguimiento de sólidas y mayoritarias clases medias." Es lo que proponen Castañeda y Aguilar en un reciente y excelente artículo publicado en *Nexos* y que terminan con unas palabras que estoy seguro también haría suyas el propio Alzate: "Ese pueblo que quiere más, que busca su camino por sí mismo y está dispuesto hasta el estoicismo para encontrarlo, es la fortaleza mayor de México, el verdadero fondo del paisaje sobre el que cruzan nuestros males y nuestro descontento, el pueblo que busca los bienes y el progreso que sólo el cambio profundo de nuestra economía y nuestra idea de futuro pueden darle." México tiene grandes ciudadanos, hombres con fe en sí mismos, como Hugo Mendieta, el autor de este excelente y oportuno libro, capaces de lo mejor, dignos sucesores de aquellos hombres que pertenecieron al denominado "siglo de las luces" pero, digamos también, que ya somos capaces de verlos, más que como hijos de su pasado, como brillantes padres de un hermoso provenir.

Manuel Pombo

Médico y escritor

Introducción

Es de llamar la atención que durante la época de la Ilustración hubiese prohombres que con pocos recursos en comparación con nuestros días lograsen acciones extraordinarias y si bien en Europa era posible derivado las larga aunque compleja historia de sus universidades resultan mucho más loables los intentos de progreso en el Continente Americano, pues estaban subestimados en territorios controlados por el Viejo Mundo. Uno de estos personajes es José Antonio Alzate y Ramírez, mexicano nacido en Ozumba, Estado de México, hijo de español y mexicana.

Siempre existe en la historia de los pueblos, una persona que ve más allá de lo inmediato, de lo resultista pero a la larga intrascendente, con visión de futuro. Son estas personas las que impulsan la historia misma, las que rompen las cadenas de lo establecido, monótono y sin sustancia. En el caso de nuestro personaje, se reúnen las características de una mente inquieta no sólo en lo pasivo como la escritura sino en lo activo como la exploración de vestigios arqueológicos, manteniendo a su vez una participación activa transmitiendo sus ideas a los gobernantes en turno que no siempre vieron bien que una mente clara hablara con la razón que dan la preparación y la ciencia. Pero a su vez, no descuidó oportunidad para perseverar en sus propias observaciones académicas, ya sea la observación del tránsito de Venus, o la realización de mapas de su tierra; y todo esto sin esperar nada a cambio, dedicándose a su proyecto de vida con reclusión de monasterio.

Es verdad que la fortuna de sus padres le permitió llevar a cabo empresas titánicas, pero es de agradecer que un hombre como Alzate haya decidido invertir su dinero y tiempo en algo digno para lo que llamaba su patria, pues incluso ahora sería sumamente extraño que alguien de buena posición económica se diera a la tarea de invertir en ciencia y en la difusión de la misma.

La vida de Alzate debe ser vista como el ejemplo de un hombre comprometido con la humanidad, que tiene la convicción en la igualdad de capacidades de los individuos, además de representar un modelo para quienes de alguna han adquirido un nivel de estudios superior al promedio, es la obligación de usarlos para el beneficio común, no quedarse en la contemplación de la alabanza mutua entre intelectuales sino alimentar en el pueblo la sed del conocimiento y hacerle llegar a los dirigentes políticos las inquietudes y propuestas de solución para los problemas de cada época y lugar, ellos solos no leerán las revistas especializadas en medicina, geografía, física, etc., es obligación de los académicos ser más participativos, no esperar la recompensa o el homenaje, actuar con la obligación de sentar un sendero que le permita a la humanidad corregir la ruta de explotación y autodestrucción que los dirigentes del mundo se empeñan en continuar.

1. ¿Qué significa el Siglo XVIII?

La aparición en 1687, de la obra *Paralelo de los antiguos y de los modernos* del fabista Ch. Perrault, quien afirma la superioridad de la ciencia moderna sobre los antiguos, más la obra *Disgresión sobre los antiguos y los modernos*, en 1688, de Fontenelle, influido fuertemente por los planteamientos de Hobbes, Spinoza y Descartes, formula con toda claridad la idea del progreso. La querella entre antiguos y modernos dejó su fruto en la aceptación de la existencia del progreso y, a lo largo del siglo XVIII, adquiere estatus doctrinal en la significativa obra: *Observaciones sobre el progreso continuo de la razón universal*, aparecida en 1713, cuyo autor es el Abate Saint-Pierre, quien compara la vida de la Humanidad con la vida de un hombre, mas en esta alegoría la razón humana no envejece sino que está en la infancia de su saber (Lelley S, 1973).

El siglo XVIII se inicia con una gran guerra europea, la Guerra de Sucesión Española, y termina con movimientos revolucionarios (Avilés Fernández M, 1987). Ernst Cassirer en su obra *La filosofía de la Ilustración*, denomina a dicho siglo como el "Gran Siglo" (Cassirer E, 1981), otros autores lo llaman "El Siglo de las Luces" (Blanco Martínez R, 1999), pero todos los consideran "El siglo de las revoluciones", de la revolución tecnológica, de la revolución intelectual, y, también, de la revolución política. Durante este período adquirieron vigor significativo el pensamiento filosófico y la investigación científica que recurren a rutas nuevas e insospechadas y se avivan todas las ramas del saber (Andreu A, 1997). La curiosidad científica impregnó de tal modo este siglo que llegó a derramarse por sectores de público hasta este entonces insospechados y que actúo más en determinadas esferas sociales (Châtelet F, 1984). Fahrenheit descubre el termómetro; las matemáticas son impulsadas a partir del descubrimiento del análisis infinitesimal por Newton y por Leibniz.

El ejemplo aglutinador de los diversos campos del saber se manifiesta en *La Enciclopedia*, diccionario razonado de las ciencias, las artes y los oficios, dirigida por Diderot y D'Alembert y editada entre los años 1751 y 1764. Obra en la que colaboraron relevantes investigadores del mundo intelectual, científico y político; más de un centenar, entre los que cabe recordar a Voltaire, Montesquieu, Rousseau, Helvecio, Holbach, etc. Pensadores que pretendieron recoger en esta monumental y racionalista obra todos los conocimientos desde la exaltación de la razón y desde el alejamiento del fanatismo religioso o la superstición.

En un esfuerzo por cuadrar el Iluminismo cronológicamente, podríamos fijarlo entre el año 1721, fecha en la que se publican *Las Cartas persas* de Montesquieu y el año 1770, año en el que aparece *El sistema de la naturaleza* de Holbach; para otros autores la fecha final cumbre sería 1789, año en que aparece la obra *Derechos y deberes de los ciudadanos* de Mably.

Los historiadores fijan como primera etapa de la Ilustración los primeros años el siglo XVIII y los veinte últimos del XVII, es decir, de 1680 a 1715, como una fase de identidad propia o puente entre ambos siglos; su comienzo se sitúa entre el auge máximo de Luis XIV de Francia y la firma de los tratados de Utrech y Rastadth (1713-1714) y la muerte del Rey Sol (1715). Otros historiadores estiman que se inicia el período con la aparición del *Diccionario Crítico* de Pierre Bayle, 1698; si bien, para algunos, el hito lo fija la aparición de la famosa *Querelle des anciens et des modernes* de 1687-1688 (Avilés Fernández M, 1987). Los historiadores coinciden en fijar en 1789, año de la Revolución Francesa, como el fin del Siglo de las Luces e inicio de la edad contemporánea.

La Ilustración propugnó la crítica de la realidad y de la fe confiada en el poder de la razón como factor de progreso no sólo individual sino, sobre todo, social y político (Fernández Sanz A, 1992). No obstante, aunque hubo similitud en la intensidad de la investigación y en el desarrollo intelectual, también hubo gran discrepancia ideológica de los diversos máximos exponentes.

Una definición concisa de la Ilustración es la de Werner Schneiders, "un pensamiento esencialmente crítico con intenciones prácticas". Otra definición emitida en 1897, es la de Ernst Troeltsch: "La Ilustración comienzo y fundamento del período propiamente moderno de la cultura y la historia europeas... No es en absoluto un movimiento puro o eminentemente científico, sino una transformación completa de la cultura en todos los ámbitos de la vida... Tiende a una explicación inmanente del mundo a partir de todos los medios válidos de conocimiento y una ordenación racional de la vida al servicio de fines prácticos de validez general" (Duchhardt H, 1997).

Los antecedentes próximos de la Ilustración los historiadores los suelen fijar en el Renacimiento, impulsado por una nueva clase social, la burguesía mercantil, clase que a partir de esa época es una protagonista de vanguardia en los procesos y cambios históricos de los siglos posteriores. Durante la Ilustración, el gran divulgador de Newton fue Montesquieu, del mismo modo que el de Locke fue Voltaire.

En lo que respecta al Nuevo Continente, posterior su "descubrimiento" hubo muchos intelectuales que escribieron acerca de la "debilidad de América", o sea, de la tesis de que el continente americano era de alguna manera inferior, y más específicamente, inmaduro, en comparación con el mundo antiguo, y que en él, la vida sufría una degeneración y una detención del desarrollo, siendo Hegel el exponente más famoso de esa tesis, cuya primera formulación científica se remonta a Buffon (Gerbi A, 1978).

De la Maza, Edmundo O'Gorman, Luis Villoro, Luis González y David Brading fueron algunos de los notables historiadores que iluminaron el movimiento propulsor de los primeros símbolos de identidad y emblemas de la patria criolla. A partir del siglo XVI con las primeras generaciones de gente criolla se llegó al siglo XVIII con la misión de hacer valer su presencia en el territorio que al final de cuentas era suyo.

A finales del siglo XVII los criollos encontraron en la exuberante naturaleza americana y en el exótico pasado indígena, dos elementos que los separaban de los españoles y afirmaban su identidad con la tierra de nacimiento (Florescano E, 2001). Se exploró el norte del territorio, registrando la flora y fauna, y con expediciones científicas y nuevos asentamientos humanos se recabaron más datos que permitieron asimilar una mejor imagen del país.

La tarea de recorrer y describir el territorio de la Nueva España, que antes hacían los europeos, se transformó en responsabilidad de los oriundos del país, pero no fue sino hasta 1748 que se publicó por primera vez en México el famoso mapa del territorio que desde el siglo pasado había elaborado don Carlos de Sigüenza y Góngora, al que más tarde, José Antonio Alzate le agregaría nuevos datos, dedicándolo en 1768 a la Real Academia de Ciencias de París. El conocimiento significó identidad y un pilar de la independencia.

2. Virreyes del Siglo XVIII

El 1o de noviembre del año 1700 murió Carlos II, y se nombró por heredero y sucesor al duque de Anjou, nieto del rey de Francia Luis XIV, hijo segundo del delfín y llamado Felipe.

La muerte de Carlos II y el nombramiento de Felipe V para sucederle en el trono fueron el germen de grandes guerras civiles y extranjeras: el Papa y los gobiernos de Inglaterra, Portugal, Dinamarca, Holanda y Baviera reconocieron desde el principio a Felipe V, pero el emperador de Austria acudió a las armas para sostener los derechos que al trono tenía el archiduque Carlos, y se le unieron entonces Inglaterra, Holanda, y poco después Portugal, para evitar mayor engrandecimiento de la casa de Borbón.

La exaltación de Felipe V disgustó en México a muchos españoles y criollos. Mientras en la Nueva España la inseguridad era el azote de la población, se establecieron las acordadas, las rondas y la Santa Hermandad, pero todas fueron inútiles, porque los ladrones se burlaban de todo y habían llegado a ser más fuertes que el gobierno, teniendo a la sociedad verdaderamente atemorizada.

El 30 de junio de 1740 desembarcó el nuevo virrey don Pedro de Castro y Figueroa, duque de la Conquista y marqués de Gracía Real. Sólo estuvo un año pues falleció en 1741. Don Pedro Malo de Villavicencio quedó a cargo del gobierno hasta que el 3 de noviembre de 1742 tomó posesión del virreinato don Pedro Cebrián y Agustín, conde de Fuenclara, quien sobresalió con un acto de arbitrariedad al expulsar de México a Lorenzo de Boturini, italiano destacado como historiador, arqueólogo y sabio.

En 1746 el conde de Revillagigedo sustituyó al conde de Fuenclara. El conde de Revillagigedo dejó memoria de haber sido un gobernante acertado al par que laborioso y enérgico, aunque también se enriqueció extraordinariamente aprovechándose de su puesto.

El cuadragésimo segundo virrey de Nueva España fue don Agustín de Ahumada y Villalón, marqués de las Amarillas quien gobernó hasta el 5 de febrero de 1760 en que falleció en la ciudad de México. La Audiencia presidida por el licenciado don Francisco Echavarri, entró a gobernar mientras llegaba a México el virrey interino designado que era don Francisco Cajigal de la Vega, teniente general de los reales ejércitos, a la sazón gobernador de la Habana; pero sólo gobernó poco más de 5 meses y el siguiente en turno fue don Joaquín de Montserrat, marqués de Cruillas quien llegó a México el 6 de octubre de 1760.

Cruillas tuvo muchas dificultades. Durante su administración los ingleses se apoderaron de la Habana, y pensando que atacarían Veracruz trató de organizar una defensa; afortunadamente se llegó a un tratado de paz entre Francia, Inglaterra y España, y ya no hubo dicho ataque, sin embargo Cruillas organizó el primer ejército de la nueva España, posteriormente hubo enfrentamientos entre el ejército y los civiles hasta que finalmente Carlos III decidió sustituirlo y el nuevo virrey fue Carlos Francisco de Croix, flamenco, natural de Lille, distinguido militar, hombre de honradez y dotado de excelentes cualidades para el gobierno y administración, pese a esto, no podía contra el destino, no podía contra la difusión de las ideas de independencia que reinaban en la colonia.

El marqués de Croix recibió el gobierno de mano de su antecesor en el pueblo de Ozumba el 23 de agosto de 1766. El 18 de junio de 1768 llegaron a Veracruz tropas españolas de los regimientos de infantería de Saboya, Flandes y Ultonia, y de dragones de Zamora, Guadalajara, Castilla y Granada, que llegaban no sólo para la defensa de las costas contra los ingleses sino para aplacar los movimientos independentistas e inconformidades sociales.

Don Antonio María de Bucareli y Ursua recibió del marqués de Croix el gobierno de México en el pueblo de San Cristóbal Ecatepec el 22 de septiembre de 1771. Bucareli gobernó con energía, prudencia y acierto. Se considera como una de las épocas más estables de la Colonia, se crearon instituciones de beneficencia y hubo desarrollo en el comercio, minería, y agricultura. Bucareli gobernó hasta el día 9 de abril de 1779 en que murió por una enfermedad aguda dejando reputación de honradez, inteligencia e ilustración.

Martín de Mayorga que gobernaba Guatemala sustituyó a Bucareli. Durante su administración nuevamente se desató la guerra entre Inglaterra y España, pero Mayorga, pese a las trampas de José de Gálvez, que era ministro de Indias, hizo una defensa acertada y le ganó a los ingleses al mismo tiempo que insistía en ser sustituido del cargo hasta que Carlos III nombró a Matías de Gálvez, hermano de José de Gálvez. Mayorga hizo el viaje a España con la satisfacción de haber cumplido con un buen trabajo en México pero falleció justo al llegar al puerto de Cádiz.

Don Matías de Gálvez recibió el gobierno de la Nueva España el 28 de abril de 1783. Gobernó con relativa tranquilidad procurando hacer el bien. Durante su administración se estableció formalmente la Academia de Bellas Artes, continuó la labor de Mayorga de recoger libros, manuscritos y toda clase de documentos relativos a la historia de Nueva España, también procuró remodelar el Castillo de Chapultepec que estaba completamente abandonado y destruido. Agobiado por las enfermedades dejó el gobierno el 20 de octubre de 1784 y murió pocos días después.

El 26 de mayo de 1785 llegó a Veracruz el nuevo virrey, don Bernardo de Gálvez, conde de Gálvez, hijo del anterior virrey don Matías y sobrino de don José de Gálvez, ministro de Indias. Don Bernardo de Gálvez era joven, apuesto, caballeroso, valiente, inteligente y de noble corazón, venía precedido de una fama verdaderamente romancesca por sus atrevidas y afortunadas campañas contra los ingleses en la Luisiana, además, el gobierno de la joven República de los Estados Unidos del Norte le demostraba gran confianza. Con sus actitudes se atrajo las simpatías de todas las clases sociales y quizá en su juvenil ambición acariciaba la idea de hacer la independencia de México. Se presentaba en público conduciendo él mismo su carruaje y se sentaba a lado de cualquier persona en los espectáculos; desafortunada y repentinamente se apoderó de él una enfermedad, palideció y murió en Tacubaya el 30 de noviembre de 1786. Todas las clases sociales de México, y aún los mismos que se consideraban como sus enemigos sintieron como una calamidad pública su muerte prematura.

Con carácter de interino se nombró como virrey al arzobispo de México, don Alonso Núñez de Haro y Peralta, quien tomó posesión el 8 de mayo de 1787. Sólo gobernó 3 meses.

Don Manuel Antonio Flores, teniente general de la real armada, fue nombrado virrey y tomó posesión el 17 de agosto de 1787. Gobernó con rectitud pero su salud también se deterioró y pidió ser sustituido. La Nueva España ya estaba dividida en intendencias.

3. Estado del conocimiento

En Europa entre los siglos XVI y XVII, el desarrollo del conocimiento científico tuvo una aceleración que condujo a una revolución conceptual y metodológica. A partir de la segunda mitad del siglo XVII los científicos lograron el apoyo de sectores importantes desde el punto de vista económico, ideológico y político. Este fue el momento del surgimiento de las Academias, los laboratorios, las publicaciones especializadas, etc. La Sociedad Real de Londres se fundó en 1662, la Real Academia de Ciencias de París se fundó en 1666.

Una vez recuperada la economía europea después de los gastos cuantiosos en la Guerra de Sucesión española y, sobre todo, a partir de 1730, aparecen obras tales como *Ensayos sobre el hombre* de Pope, las *Cartas filosóficas* de Voltaire, o la *Consideración sobre las causas de la grandeza y la decadencia de los romanos* de Montesquieu, obras que se consideran señeras del momento. *El contrato social* y *El Emilio* son dos obras importantes de Rousseau de 1762. Poco más tarde Inglaterra sufrió la guerra colonial de la independencia de Estados Unidos; a continuación el efecto bélico recayó sobre Francia en 1789, a causa de la afamada Revolución.

Las formas políticas más características de este período fueron la Monarquía Absoluta y el Despotismo Ilustrado. Los ilustrados teorizarán en dos direcciones: o limitando los poderes de la monarquía, paso de la monarquía absoluta a la monarquía limitada, o racionalizando la propia Monarquía Absoluta, sin recortarle poderes, evolucionando hacia el Despotismo Ilustrado. "Todo para el pueblo, pero sin el pueblo" será el lema déspota ilustrado.

En el aspecto económico el mercantilismo es sustituido por el liberalismo. El signo de la riqueza ya no será la acumulación de metales preciosos sino la capacidad de producción. Las nuevas técnicas y el crecimiento demográfico serán las dos fuerzas que apoyen esta expansión económica.

El colectivo más representativo y dinámico de la época es la burguesía. Clase que aglutina comerciantes, altos funcionarios y profesionales. Grupo social especialmente dinámico y el más representativo de la creación, elaboración y difusión de las ideas ilustradas, quienes proponen a éstas no como una ideología propia o de clase, sino universal. La clase burguesa cuando lucha frente a los privilegios de la nobleza no es a favor de sí misma, del mismo modo sus ideales de libertad e igualdad, lo propugnan para toda la humanidad. Sus causas, son causas del hombre.

La idea del pensamiento de Hume fue extraordinaria en la filosofía idealista; sobre todo en Kant y sin olvidar el influjo ejercido en Adams Smith, Helvetius, Necker, Malthus, Voltaire, Monesquieu, Rousseau.

La naturaleza es para los ilustrados fuente no sólo de conocimientos sino también de significativos valores morales, que nos enseña cómo ha de ser la sociedad. "... al hombre del siglo XVIII se le presentaban tres grandes cuestiones a las que tratará de dar respuesta. Primero, qué es, cómo es y qué lugar ocupa el planeta donde habita; segundo, qué fuerzas guarda en su seno este planeta capaces de ser dominadas y utilizadas; tercero, quiénes son y cómo se comportan los diversos seres que pueblan la tierra. En estos tres fundamentales interrogantes agrupa las distintas ciencias que van desde la matemática y la astronomía a la microbiología, sin perder nunca de vista la perspectiva de que sean saberes conducentes al mejoramiento y felicidad del hombre (Miguel Avilés Fernández Vol XII, pag 310).

Próximas a las nuevas teorías económicas está la idea de progreso. Esta idea se basa en una interpretación de la historia que considera al hombre caminando lentamente en una dirección decidida y deseable, e infiere que en ese proceso continuará indefinidamente (Juliá S, 1988). Durante el siglo XVIII la pasión por la idea de progreso se cierra con la obra *Boceto de una imagen histórica del progreso del espíritu humano*; editada en 1773, y cuyo autor es Condorcet.

La felicidad, para los ilustrados, es entendida en sentido hedonístico, epicúreo; se trata de gozar, de disfrutar. El placer es un derecho y debe estar presente en la actuación diaria del hombre, quien debe conseguir sensaciones y sentimientos agradables. "la sociedad debe organizarse para conseguir la felicidad de los individuos" (Crouzet M, 1981).

Filósofos y autores de utopías agregaron un elemento a sus teorías, la utilidad que se manifiesta en las acciones productivas, tanto agrarias como artesanales y, sobre todo, en la educación: "Sólo se imparten las artes y ciencias útiles al Estado, es decir matemáticas y ciencias aplicadas. Metafísica y teología son sistemáticamente eliminadas" (Vico Monteoliva M, 1988).

Para llevar a cabo los planteamientos característicos de la Ilustración, para lograr unos objetivos que impliquen un cambio radical en el *modus vivendi* frente a los siglos anteriores, para dirigirse hacia unos planteamientos utópicos, los protagonistas en este siglo, como ya se indicó, eligen como instrumento más fiable aquel que pueda canalizar las fuerzas de la razón: la educación. Niegan y critican abiertamente el modelo tradicional y todo aquel modelo pedagógico que no se acomode a los diseños que garantizan el desarrollo de la razón y sus aplicaciones. Al modelo pedagógico del "Siglo de las Luces" se le suele caracterizar como naturalista. Un modelo que fija sus puntos de apoyo en el racionalismo cartesiano y en el empirismo inglés. Por lo tanto, además de ahondar en las fuentes de desarrollo natural, se buscan implicaciones prácticas de la enseñanza y de la educación. Es conocido el refrán de Bacon: "podemos tanto como sabemos" (Labrador Herráiz C y de Pablos JC, 1989).

El período se puede resumir y clasificar en tres grupos de apologistas del modelo educativo ilustrado o activos críticos del anterior. En primer lugar se ubican los científicos, aquellos que consideran que la enseñanza clásica concede poca importancia a los descubrimientos y a las nuevas experimentaciones de la ciencia; en segundo lugar están los utilitarios, aquellos que pretenden dotar de pragmatismo a los estudios dando cabida a cuantas artes y conocimientos puedan ser aplicables a los ritmos industriosos y necesidades del momento; y en tercer lugar hay que considerar a los sensualistas, un colectivo de pensadores que, inspirados en las ideas de Locke, Condillac y Rousseau, sin olvidar a Bacon, afirman que el origen de nuestras ideas está en los sentidos.

A pesar del enfrentamiento hacia modelos tradicionales, algunas instituciones centenarias no tuvieron inconveniente en sumarse a estas inquietudes e incorporar en los diversos programas las nuevas ciencias. Por otro lado, al margen de las instituciones tradicionales, casi siempre religiosas, y de las propugnadas desde las instituciones estamentales, aparecen centros impulsados por entusiastas que actúan de motores durante este siglo; se trata de las Academias y de los círculos de Amigos del País.

Las nuevas materias irían penetrando lentamente en las instituciones escolares; de hecho, en Alemania se fundan a partir de la segunda mitad del siglo centros de enseñanza exclusivamente prácticos y estudios directamente encaminados a las ciencias aplicadas. En España las reformas no pasaron de programas de intenciones, ya que unas veces la resistencia de los poderes establecidos o la escasez económica abortaron todo intento de transformación (Varios autores, 1988).

Los salones, los clubs o los cafés eran centros de carácter semi-privado. Las posibilidades de apertura, por lo tanto, eran limitadas y la capacidad de difusión, también. A imagen de la Academia que fundara Cosme de Médicis en el siglo XV en Florencia, la denominación y forma de Academia aparece institucionalizada, reconocida y, con frecuencia, financiada por mecenas o por reyes en diversas provincias. En torno a ellas se convocan premios o ayudas a la investigación, se promueven líneas de investigación y presentaciones formales y públicas de cualquier sugerencia atractiva que un estudioso lograra exponer.

La Ilustración Americana fue, al mismo tiempo, causa y efecto de los cambios sociales y culturales que se vivieron en la región con intensidad creciente en la medida en que avanzaba el siglo XVIII y durante el primer tercio del XIX. Durante ese período se produjeron una dinamización de la vida social y económica colonial, la secularización educativa, cultural y científica, la emergencia de la conciencia nacionalista criolla y de los movimientos de independencia americanos. El ideal ilustrado se materializó plenamente en el terreno de las artes, la historia, la literatura, el urbanismo, la etnografía, la filosofía, la lingüística y, de manera especial, en el de las ciencias y las técnicas.

En el imperio colonial que España había mantenido en América desde el siglo XVI y en menor medida en el portugués, la distancia geográfica y la acción que ejerce el tiempo sobre las sociedades acarrearon cierta autonomía a las colonias americanas. Para el siglo XVIII, en varios lugares de América resultaba evidente que las sociedades ahí existentes ya no estaban sujetas a la promoción única de la metrópoli. Prácticamente en todos los territorios americanos existía para entonces una dinámica socioeconómica realmente importante y un amanecer cultural propio de los que la ciencia formaba parte. Las comunidades existentes en el dilatado territorio americano poseían una economía diversificada y en crecimiento. Las producciones minera, agrícola, y artesanal constituían los ramos principales. La intensidad de la actividad económica necesitaba para su desarrollo de diversos insumos de naturaleza tanto material como intelectual, producidos localmente, pues no se podía contar para ello con la alejada y a veces ajetreada Metrópoli. La participación de expertos (mineros, botánicos, geógrafos, ingenieros, etc.), con un entrenamiento científico y tecnológico adecuado, así como la creación de instituciones con vocación científica moderna en donde se pudieran ofrecer los estudios requeridos, se convirtió, paulatinamente en una necesidad. Al cultivo individual y erudito del saber se agregó hacia finales del siglo XVIII un interés por las "artes útiles" y apareció una demanda social para el conocimiento científico y técnico. Las iniciativas para proceder a la modernización de varios sectores económicos partieron con frecuencia de los mismos interesados, y siempre con la participación de ellos en la financiación y en la operación de los proyectos. Ese fue un viraje cultural y un cambio de actitud de los sectores más dinámicos de la sociedad colonial que encontró su inspiración en el ideario de la Ilustración.

El crecimiento económico condujo a la formación de poderosas e influyentes corporaciones entre los mineros y comerciantes. Al progreso monetario siguió un desarrollo social que tuvo entre sus expresiones a las sociedades económicas que se formaron en casi toda América (Luque, 1962). En estas agrupaciones patrióticas se reunían los sectores más avanzados animados por una mentalidad burguesa ilustrada para, conjuntamente con los mineros, comerciantes y otros sectores progresistas del gobierno, el clero y el ejército, pugnar por el crecimiento económico, el conocimiento de los territorios y las riquezas naturales de los países y por importantes reformas educativas.

Ejemplo de lo anterior son las escuelas que se crearon para proporcionar instrucción científica y técnica a mineros, metalurgistas, grabadores, dibujantes, ingenieros, arquitectos, agricultores, boticarios, navegantes, artistas y otros artesanos, entre las cuales están las siguientes: en México las de artes (1785), botánica (1788) y minería (1792), creadas a instancias y con el apoyo de los mineros y comerciantes. Todo ello se realizó de acuerdo con el espíritu del siglo, es decir, el Iluminismo, el cual centraba en la ciencia, la educación y las artes útiles su programa de reforma social.

En las sociedades americanas de esa época prevaleció una estructura de grupos sociales compleja desde el punto de vista racial, y dinámica pues la población había entrado en una etapa de franco crecimiento. Los criollos y en menor medida los mestizos fueron el sector protagónico en las transformaciones sociales que tuvieron lugar en ese siglo, debido a su influencia socioeconómica y a sus conocimientos obtenidos de manera autodidacta o en viajes de estudio a Europa. De esta manera llegaron a estar en situación de disputar a los europeos posiciones que se les negaba en sectores importantes de la actividad económica, la administración, la política y la judicatura, así como cargos eclesiásticos, universitarios, culturales y científicos. En la medida que avanzaba el siglo se produjo una aceleración de su movimiento cultural teniendo en la ciencia una de sus expresiones más logradas. Una característica de esta renovación cultural era el ser un resultado de la iniciativa y de las obras de los propios americanos, o bien de individuos que aunque nacidos en Europa se incorporaron de manera definitiva a la vida americana, haciéndola propia.

La Ilustración científica en América, al igual que en Europa, fue una actitud mental más bien que una corriente científica o filosófica unánimemente aceptadas (Hankins TH, 1988). Se abrieron paso gradualmente nuevos valores entre los espíritus cultivados (confianza en la razón y el experimento, la búsqueda de un carácter útil en los conocimientos, etc.), en oposición a los antiguos (autoridad como fuente de verdad, la escolástica, fideísmo, etc.). Más tarde, cuando el espíritu ilustrado logró permear a la sociedad, al ir más allá del plano individual bajo el efecto de una importante obra divulgativa y educativa realizada por las élites criollas, estas sociedades buscaron transformarse y adaptarse al nuevo estado político, cultural e industrial vigente en Europa, y naciente en Norteamérica.

El progreso material e intelectual apetecido por los criollos americanos resultaba ser, además, parcialmente concordante con las políticas reformistas que impulsaba el despotismo ilustrado de los Borbones para la misma España, con las estrategias administrativas y económicas adoptadas hacia 1770 para lograr un mejor usufructo de las colonias.

La Ilustración tuvo en la nueva ciencia el núcleo duro de su programa y la prueba evidente del progreso que pregonaba. En el siglo XVIII se desarrollaron principalmente las ciencias exactas y las matemáticas, la física experimental, la historia natural (botánica, zoología, paleontología, mineralogía), la geología, la química, y la fisiología y se sentaron las bases de las ciencias del hombre y de la sociedad. Los beneficios de orden práctico se pusieron de manifiesto en medicina, farmacia, agricultura, minería, náutica, geografía, guerra, industria, etc.

En la fase inicial la autoformación desempeñó un papel importante, y pudo llevarse a cabo gracias a los siguientes factores: bibliotecas privadas que se integraron evadiendo las restricciones oficiales y a través de contrabando de libros; publicaciones y periódicos científicos; tertulias y sociedades que se formaron para conocer y transformar las diferentes regiones americanas. A principios del siglo XVII en México llegaron a ser famosas las bibliotecas privadas de los médicos Melchor Pérez de Soto y Alfonso Núñez; en la segunda mitad de ese siglo están las de Carlos de Sigüenza y Góngora y de Sor Juana Inés de la Cruz.

En México, en 1764, la Inquisición prohibió explícitamente la lectura de Voltaire y Rousseau aún a aquellos religiosos que tenían licencia para leer obras prohibidas, y en 1788 en la ciudad de México apenas existían 5 librerías.

A partir de los años sesenta del siglo XVIII las bibliotecas privadas cuyo contenido ha llegado son una clara expresión de las preocupaciones de los ilustrados americanos, del debate ideológico del momento y del cambio científico, técnico y cultural en América, como ejemplo la de José Ignacio Bartolache (1739-1790) que constaba de 487 obras y 712 volúmenes, el total de libros científicos ascendía a 177. Otro listado, el del matemático y astrónomo novohispano Antonio de León y Gama (1735-1802) poseyó una biblioteca con más de 700 obras.

El interés por las artes útiles es característico de los ilustrados americanos en el último tercio del siglo, en el momento en el que las "Luces" fueron ya asimiladas y se busca utilizarlas para conocer y trasformar el propio país. De esta manera, al interés individual y básicamente erudito por la ciencia se agrega ahora la preocupación de los americanos por llevar a cabo una reforma social con base en la ciencia. Este es ya el momento en que los científicos encuentran un papel social que desempeñar e interlocutores entre otros sectores: artesanos, mineros, comerciantes, burocracia virreinal, etc., con quienes negociarán estrategias que hagan viables sus propósitos cognoscitivos y prácticos.

La formación de la cultura científica estuvo firmemente apoyada por la obra divulgativa llevada a cabo por los ilustrados americanos. El género utilizado para este fin fue, principalmente, el periodismo científico y técnico, aunque se emplearon también folletos, manuales y libros. El periodismo fue el resultado tanto de empresas individuales como colectivas.

La evolución de la literatura científica entre 1768 y 1810 nos permite seguir el curso del fuerte debate ideológico llevado a cabo por los ilustrados contra la escolástica y el saber tradicional. Se perciben igualmente la gradual introducción del pensamiento científico moderno (Copérnico, Newton, Buffon, Lineao, Lavoiser, etc.) y las intensas polémicas mantenidas por los científicos criollos (Alzate, Unánue, Bartolache, Espejo, Mejía, Caldas, etc.) con españoles y otros europeos (Martí, Cervantes, De Pauw, Raynal, Robertson, etc.), para reivindicar la cultura científica, la historia y la naturaleza americanas, frente a los desprecios, ataques y calumnias de que fueron objeto en repetidas ocasiones (Saladino A, 1988; Albornoz M, 1964; Estrella E, 1988).

Los periódicos científicos americanos también sirvieron para ampliar la influencia del movimiento ilustrado criollo a los diversos sectores de la población involucrados en la tarea reformadora. Como resultado de esto, en el terreno educativo, cultural, agrícola, minero e industrial, se introdujeron diversas reformas. Ejemplos de ello son el gradual abandono del escolasticismo en la enseñanza; el rescate y la difusión de las lenguas y otros aspectos de las culturas autóctonas; diversas medidas para mejorar los cultivos de añil, morena, algodón, tabaco, etc., y varias innovaciones introducidas en la minería y en otros ramos industriales.

Valiéndose de las ciencias y "las artes útiles" los ilustrados criollos proponen o introducen reformas que juzgan adecuadas para la realidad que conocen directamente, debiendo en varias ocasiones oponerse a las iniciativas autoritarias del gobierno español y mostrar la corrección o inclusive la superioridad de sus puntos de vista. Ejemplos de estas iniciativas son, en México, las propuestas que hizo Alzate en sus periódicos para mejorar la extracción de mineral y de agua de las minas, para la ventilación de éstas, para deshuesar el algodón, para el cultivo y beneficio de la grana, etc.

En otras ocasiones tuvieron que utilizar sus conocimientos para oponer resistencia a las medidas de sometimiento que el gobierno español intentó poner en práctica a partir de 1770. En efecto, las reformas borbónicas buscaban aumentar la explotación económica de las colonias americanas y someterlas a un régimen de férreo control administrativo, fiscal, político y militar. Ahora bien, es notable la oposición de los americanos y en especial de los criollos y mestizos cuyos intereses eran los principalmente afectados. A este respecto un ejemplo de lo anterior es el rechazo que se dio tanto en Perú como en México a la introducción de un nuevo método para beneficiar la plata (Molina M, 1986; Saldaña JJ, 1987). Este proyecto fue promovido de manera más bien arrogante por distinguidos mineralogistas enviados por la metrópoli para aumentar la productividad de este metal. En ambos casos se contaba con el apoyo de un grupo de competentes técnicos alemanes. Luego de haber realizado intentos para mostrar la utilidad del método de barriles o de Born, se comprobó la superioridad del método de patio descubierto por Bartolomé de Medina en Pachuca (México) en el siglo XVI. Luego de diez años se reconoció por los mismos europeos que el beneficio de minerales de baja ley por medio de la amalgamación o método de "patio", como lo hacían tradicionalmente los americanos era el adecuado. Con anterioridad a que este proyecto se pusiera en práctica, en 1787, el novohispano José Antonio Alzate había publicado en sus *Observaciones*, una sólida argumentación en contra de este método y señalado que el mismo era conocido por los americanos ya que, desde el siglo XVII, Alvaro Alonso Barba lo había difundido en su *Arte de los Metales*.

Durante la primera mitad de siglo XVIII los científicos ya no actuaban sólo en la capital del Virreinato, sino que sus actividades y su influencia se habían extendido a varias partes del territorio y diferentes ciudades del virreinato como Mérida, Puebla, Valladolid (hoy Morelia) y Zacatecas contaban con grupos de científicos, publicaciones e instituciones que fomentaban su trabajo. Desde el punto de vista del nivel de actualización, los trabajos de esta parte del siglo poseen aires modernistas-tradicionalistas, es decir, se percibe la presencia gradual de la filosofía mecanicista, producto último de la ciencia europea. De esta manera, con una formación prácticamente autodidacta destacaron: José Sáenz de Escobar, Francisco Javier Alejo, José de Rivera Bernáldez y Narciso Macop. Respecto de las técnicas y las artes industriales, en esta primera mitad del siglo los inventos y las ciencias aplicadas continuaron progresando en áreas como las actividades artesanales (instrumentos musicales, fabricación de campanas, máquinas para apagar incendios, etc.), agrícolas (molienda de trigo, caña de azúcar, tabaco, etc.), y las artes mecánicas (molinos de mineral, hornos y tornos para la amonedación, beneficio de metales, desagüe de minas, fabricación de textiles, pólvora, loza, etc.). Con ello se pone de manifiesto el desarrollo de los conocimientos prácticos para mejorar e innovar procedimientos, instrumentos, aparatos y artefactos.

Un aspecto interesante de este período fueron las polémicas sobre el valor y las dimensiones de la tradición intelectual mexicana, por cuanto formaron parte y reforzaron el sentimiento nacionalista de la élite criolla novohispana. Un brillante ejemplo lo constituye el caso de Juan José de Eguiara y Eguren quien reaccionó frente a los menosprecios y difamaciones de que había sido objeto México por parte del Déan de la iglesia de Alicante, Manuel Martí. Eguiara publicó su respuesta, en 1775, la obra erudita *Bibliotheca Mexicana* que incluía una relación de las numerosas publicaciones realizadas en el país desde la introducción de la imprenta en el siglo XVI. También los escritos de José Manuel Dávalos en el Perú tuvieron el objetivo de certificar el conocimiento en América.

En el virreinato de la Nueva Granada el ambiente científico estuvo dominado por José Celestino Mutis (1732-1808), médico reformador de la educación, además de botánico de prestigio internacional. Contó con el respaldo del arzobispo y virrey Antonio de Caballero y Góngora para la Expedición de la Nueva Granada y para fundar un centro de investigación científica de Historia Natural, Física y Matemáticas. En sus últimos años allcanzó a establecer en Bogotá un observatorio astronómico a la vez que se inauguraba en la ciudad una Escuela de Medicina. Los discípulos de Mutis continuaron su labor, destacando Francisco José de Caldas (1770-1816) que cultivó la botánica, la astronomía y la física, y publicó numerosos artículos.

El conjunto de los siguientes rasgos hicieron que la ciencia ilustrada novohispana adquiriera un perfil propio: la integración plena de una comunidad científica novohispana que contó con el apoyo decidido de diversos sectores de la sociedad; la amplia cultura científica verdaderamente enciclopédica de sus miembros, así como su preocupación por las áreas de lo que constituía en la época la "frontera" de la ciencia; la articulación de sus actividades con otras de carácter técnico, productivo, gubernamental, cultural, ideológico y político; la institucionalización de la ciencia y de la tecnología en establecimientos de investigación y enseñanza laicos, sostenidos en todo o en parte por los propios novohispanos; un interés por la divulgación de la ciencia, la educación y las artes útiles como elementos de un programa de reforma social, la cual incluía la formación de una cultura científica en el país; un acendrado nacionalismo del que se desprendía un interés por conocer sus recursos y su historia; el establecimiento de relaciones científicas profesionales con personas e instituciones de diversos países europeos y americanos.

El protagonismo de la ciencia en la sociedad novohispana de finales del siglo XVIII, su apego a las costumbres, valores e idiosincrasia de la sociedad, fueron el resultado de la domesticación de la ciencia que entonces se consiguió en torno a cuatro ejes que determinaron este proceso: minería, obras públicas, cultura y educación y el conocimiento del territorio.

En 1784, Joaquín Velázquez Cárdenas de León, a la sazón Director General de Minería de Nueva España y Juan Lucas de Lassaga, industrial minero y apoderado de los principales reales de minas novohispanos, solicitaron permiso para fundar en la Ciudad de México un "Seminario" o "Colegio de Metálico", acogiéndose a las Reales Ordenanzas de Minería, de 1783, que contemplaba la necesidad de organizar una Institución de dicha índole (Castillo Martos M, 2005).

El Real Seminario de Minería entró en funcionamiento en 1792 y tuvo como director al mineralogista español Fausto Delhuyar (1755-1833). Las muertes cercanas de Velázquez de León, Lucas de Lassa y Gálvez favorecieron la designación de Delhuyar, violentando las Ordenanzas de Minería (Castillo Martos M, 2005) y desplazando a los científicos criollos que habían concebido la institución y solicitado el puesto. Además, el nombramiento de los profesores de matemáticas, física, química, mineralogía que eran también europeos, produjo malestar y justificadas protestas entre los más destacados y eminentes científicos del país, como Antonio de León y Gama y de José Antonio Alzate. Igualmente se produjeron importantes polémicas acerca de los métodos metalúrgicos que Delhuyar pretendía introducir, habiendo destacado los argumentos en contra formulados por Alzate y la defensa hecha por Francisco Javier de Sarria utilizando la nomenclatura lavoisiana (1791).

En este establecimiento se inició la enseñanza regular de varias de las ciencias modernas aplicadas a la minería y su existencia significó un triunfo para la comunidad científica del país. Permitió que se catalizara el importante movimiento científico novohispano que contaba para entonces con una comunidad científica integrada por un número considerable de individuos, una tradición, publicaciones, bibliotecas, instrumentos, colecciones mineralúrgicas, y una conciencia de sus posibilidades y de su importancia. Los egresados muy pronto se incorporaron a diversas actividades y fueron la muestra palpable del papel que la ciencia estaba llamada a jugar.

En el terreno educativo la aparición de nuevas instituciones de corte moderno como el Seminario de Minería, la Academia de San Carlos, el Jardín y la Cátedra de Botánica materializaron el ideal ilustrado que hacía de la ciencia el instrumento para, además de alcanzar el progreso material, combatir la ignorancia, el fanatismo y la superstición.

Una vez que se institucionalizó la rama de la ciencia en establecimientos laicos, fue en el terreno cultural e ideológico donde se consiguió el mayor impacto. En el lapso de pocos años se formó una generación de científicos y hombres de cultura que provenían de distintas profesiones. No está de más recordar que un buen número de estos científicos ilustrados novohispanos participaron con sus conocimientos y murieron en la Guerra de Independencia (1810-1821) al lado de los insurgentes.

El conocimiento del territorio y sus riquezas naturales y humanas constituyó uno de los rasgos más acusados del nacionalismo ilustrado americano. Es un sentimiento que apareció en los hombres nacidos en su geografía, a su entorno, o aún a los llegados a él como aconteció con muchos europeos. Este interés por el territorio y sus habitantes tenía una motivación doble. Por una parte estaba la meramente cognoscitiva, actitud que se imponía ante una realidad inmediata y familiar de los americanos, pero que no formaba parte normalmente de la ciencia europea que la ignoraba, o inclusive la menospreciaba hasta llegar a establecer la inferioridad de la naturaleza, el hombre y la sociedad americanos (De Pauw, Robertson, Buffon, Martí, etc.). Por otra parte, un propósito pragmático: beneficiarse de los recursos existentes orientándolos al bien común de la patria del criollo, ya que los intereses socioeconómicos y culturales de otros segmentos de la sociedad como los indios, mestizos y mulatos no fueron considerados (Martínez S, 1982).

En el ámbito humanístico, fueron importantes los estudios y colecciones de objetos arqueológicos; los diccionarios de lenguas indígenas; las descripciones de las costumbres, religiones y formas de vida de poblaciones nativas; la cronología indiana y la historia de las instituciones y de la cultura novohispana.

El Jardín Botánico contribuyó a la reforma de la enseñanza de la medicina y la farmacia novohispana (Islas V, 1992). En estas iniciativas privó en su fase inicial el autoritarismo característico de la Corona y la búsqueda de su beneficio exclusivo, lo cual valió a este proyecto enfrentamientos graves con la Universidad, el protomedicato y con individuos como Alzate, sobre aspectos jurídicos, organizacionales, económicos y teóricos (Tanck de Estrada D, 1982).

Socios de la Real Sociedad Bascongada de los Amigos del País (RSBAP) participaron en expediciones científicas a América, contribuyendo al conocimiento de la herbolaria americana y cooperaron en la renovación de la minería y metalurgia, sobre todo de la plata mexicana. Uno de los miembros de la RSBAP fue Juan Delhuyar, padre de Juan José y Fausto Delhuyar (Castillo Martos M, 2005).

Para adquirir la validación social de la ciencia se siguió un proceso difícil de negociaciones entre diversos sectores a partir de las estrategias elaboradas por las élites intelectuales, pero no fue sino hasta finales del siglo XVIII y principios del siguiente que la ciencia llegó a alcanzar un papel protagónico en las transformaciones sociales que se produjeron en la región, pasando a ser uno de los agentes culturales y materiales del cambio; por lo tanto, la ilustración científica americana fue el aliento y el logro de sociedades en proceso de transformación y en búsqueda de su identidad.

Las teorías de Newton circularon en el Real Seminario de Minería y en el Real Jardín Botánico, y tanto criollos como Antonio Lorenzo López Portillo, Alzate, José Mariano Mociño (1750-1821), Bartolache, Francisco Javier de Gamboa (1717-1794) y Joaquín Velásquez de Cárdenas de León (1732-1786), así como peninsulares que desarrollaron su vida en la Nueva España como Andrés Manuel Del Río (1764-1849), intentaron realizar cambios en la vida cultural por medio de la ciencia patriótica.

Muchos critican que si bien los ilustrados se enfrentaron al colectivo aristócrata que no tenía más méritos que los heredados, la Ilustración en sí misma es un fenómeno de minorías, de las clases media alta y superiores; un movimiento intelectual, más bien, para una minoría selecta, un movimiento burgués, un movimiento que refleja la mentalidad y los intereses de esta clase con sus prohombres representativos dirigiéndose a este colectivo (Blanco Martínez R, 1999), aunque destacaron personajes como Alzate que SÍ querían dirigirse al pueblo.

4. Particularidades de España

En el siglo XVII, tras la Paz de Westfalia se inicia el declive de España y el auge de Inglaterra y Francia. Un hecho significativo fue que el último monarca de la dinastía habsburguesa testó en 1700 a favor de Felipe de Anjou, nieto de Luis XIV de Francia, y con él la casa de Borbón llegaba al trono de España. Muerto Carlos II, Felipe V entró en Madrid en 1701, donde fue proclamado rey y llegó a Sevilla el 3 de febrero de 1729, mientras tanto después de varios siglos de dominio marítimo, la marina española era destruida en Vigo en 1702.

España, a principios del siglo XVIII, presentaba un ambiente científico atrasado respecto a los países vecinos. La decadencia general y su aislamiento científico, desde la segunda mitad del siglo XVI, habían apartado a la ciencia española de las corrientes modernas que circulaban por el resto de Europa. No fue sino hasta en los últimos años de Carlos III que alcanzó su auge la política de apertura intelectual y científica impulsada por los pensionados en el extranjero, los profesores foráneos que venían a enseñar en las aulas y las expediciones científicas a América. Junto a las ideas de Descartes se extendió la aceptación del empirismo de Locke y el sensualismo de Condillac y, a medida que avanzaba la centuria, se hizo progresivamente más notoria la presencia de la doctrina de los enciclopedistas.

No obstante los síntomas de la apertura al conocimiento, el estallido de la Revolución Francesa movió los cimientos del viejo orden español, y los gobernantes se opusieron a las ciencias, de tal manera que por ejemplo Benito Bails, matemático, fue detenido por la Inquisición el 3 de febrero de 1791, acusado de tenencia de libros prohibidos, particularmente los tomos de la Enciclopedia. Incluso después de la paz con Francia en 1795 aún hubo oposición al progreso científico. Por ejemplo, ante los intentos de crear la Academia de Ciencia de Madrid, Manuel de Godoy expresó: “Póngase todo en el expediente. Pero ciertamente en mi tiempo no se verá concluido el establecimiento”.

El proceso de institucionalización de la ciencia moderna en el mundo hispánico se produce en un contexto de fuerte confrontación dialéctica. Con Felipe V llegaron a España numerosos médicos que demostraron su valía como cirujanos del ejército. Así se puso en marcha un programa de renovación del saber médico, culminando con la creación del Colegio de Cirugía de Cádiz en 1748. La política científica se hacía pues, dentro de una profunda militarización de la ciencia.

En Sevilla se fundó la Regia Sociedad de Medicina y demás Ciencias de Sevilla por una Real Cédula de 27 de mayo de 1700. Fue la primera Academia científica de España. Aunque su principal orientación fue la práctica médica, se implicó también en la Física, Química y Botánica (Castillo Martos M, 2005).

En España, el siglo XVIII se inició con una guerra sangrienta. Carlos II, que muere sin descendencia, testa la sucesión de su reinado a favor de un nieto de Luis XIV, Felipe de Borbón, pero los países europeos ante la posibilidad de unificación entre Francia y España y teniendo en cuenta la política expansionista de Luis XIV, se alarmaron y aliaron en una lucha sangrienta: La Guerra de Sucesión Española (Fernández R, 1993). Con la paz de Utrecht (Reglá J, 1978) se formaliza la situación política de Europa y se diseña, en gran medida, la política española durante este siglo. La obligada renuncia a las posesiones europeas de España, a largo plazo, favoreció la reconstrucción del país y la dedicación con más empeño al imperio americano (García de Cortázar F, 2004).

En 1717 se creó la Real Compañía de Caballeros Guardias Marinas, en Cádiz y para las prácticas se construyó un Real Observatorio, el primero en España, en un torreón del perdido Castillo de la Villa. Los estudios realizados en ella, referidos a navegación, se trasladaron a un nuevo edificio construido en la Isla de León, actual Instituto y Observatorio de San Fernando (Castillo Martos M, 2005).

Fernando VI, en 1746, sucede a Felipe V. Los biógrafos lo califican de hombre deprimido y dominado por Bárbara de Braganza. Este rey optó por una política de paz y fortalecimiento de la flota, ya que influido por el Marqués de Ensenada, sólo gracias a ésta se podría mantener y ampliar el poderío colonial (Marqués de Lozoya, 1967). En esta época de aumento de los ingresos estatales, Antonio de Ulloa, en 1752, convence al rey de la necesidad de crear un Estudio y Gabinete de Historia Natural en Madrid. Como en España era poco conocida la Mineralogía, Ulloa se preocupó de que vinieran, entre otros, el alemán Andrés Keterlin, su hijo Juan Keterlin, el francés Agustín Laplanche y Guillermo Bowles. La llegada de una dinastía extranjera, incluyendo consejeros franceses, influye decisivamente en los ritmos de la política española.

En 1759 sube al trono Carlos II, hermanastro de Fernando VI, quien deja el trono de Nápoles a su hijo Fernando. Carlos III renuncia a la unificación de las coronas de España y Nápoles, la vieja idea proveniente de los Reyes Católicos de la formación de un imperio mediterráneo. Este rey con una experiencia de gobierno de 25 años y acompañado de hombres ilustrados; Esquilache, Grimaldi y los consejos de Tanucci, emprende reformas profundas para modernizar España. Es indudable que la influencia extranjera, en los decenios centrales del XVIII, promovió un aumento del saber químico en la Península y en los Virreinatos; y fruto de ello fue la edición de libros sobre esta materia.

El famoso Motín de Esquilache obliga al rey a prescindir del grupo de ministros italianos y a nombrar a españoles: Arana, Roda, Campomanes, Floridablanca, etc., representativos de las corrientes ilustradas. Ilustración que no dudó, aunque parezca contradictorio, (Anes G, 1978) en adecuarse al Despotismo Ilustrado, modalidad política que refuerza el poder del Estado y su intervencionismo en todos los ámbitos de la vida nacional. A este grupo se sumarían las figuras de Olavide, Abarca de Bolea, Moñino. El Despotismo Ilustrado como forma de poder omnímodo y representativa de la culminación de un modelo de monarquía absoluta que sustituye al viejo orden medieval de poder disgregado en torno a la figura de un monarca, se concibe con criterios de utilidad en pro del bien común y con la finalidad de promover la felicidad de los súbditos. Los ilustrados españoles, en lo político, convencidos de que el único camino para ejercitar las reformas era desde el poder, apoyan este modelo, aunque hubo pocas voces discordantes de "los otros ilustrados" quienes recuperaron viejos planteamientos del padre Las Casas, el padre Mariana, Suárez, Molina, los jesuitas, y a la lejanía, la voz del mexicano Santiago Felipe Puglia (Puglia SF, 1794).

Cabe aclarar que los jesuitas fueron poco permeables a cuestiones de ciencia moderna aunque la orden toleró la expresión de casos aislados que introdujeron novedades en sus cursos (Lérora Mendoza CA, 2002).

En 1785, año en que se fundó el Real Estudio de Mineralogía de Indias de Madrid. Carlos III encargó al arquitecto Juan de Villanueva el proyecto de un edificio para albergar la Academia de Ciencias y entidades filiales en Madrid. Por otra parte, el prestigioso químico Domingo García Fernández, redactó los estatutos de una proyectada Academia de Ciencias, que incluiría a las instituciones: Academia de Ciencias, Gabinete de Historia Natural, Laboratorio Químico, Real Escuela de Mineralogía, Observatorio Astronómico, Real Jardín Botánico, Real Gabinete de Máquinas, Academia de las Tres Artes (pintura, escultura y arquitectura); pero poco después de la caída de Floridablanca, en 1792, su sucesor, el conde de Aranda paralizó el proyecto que fue definitivamente abandonado por Manuel de Godoy (Castillo Martos M, 2005).

Las nuevas ideas europeas llegaron a la minoría selecta de ilustrados españoles por dos caminos: primero a través de los libros y correspondencia epistolar y; en segundo lugar, mediante el desplazamiento a efectuar estudios en el extranjero o simplemente viajando (Sarrailh J, 1985). Numerosas obras de Montesquieu, todo Voltaire y Rousseau, incluso *Las aventuras de Telémaco* de Fénelon y las *Obras Filosóficas* de La Mettrie, además de D'Alambert, etc., fueron prohibidas. En el *Índice* de 1779 aparece condenada la obra *Belisario* de Marmontel, la cual influirá en la obra *Eudoxia* de Pedro Montengón, del mismo modo que las de Beccaria, Condillac o las del Abate de Mably; en el *Índice* de

1795, se mantiene la prohibición de los citados anteriormente más Condorcet, el Abate Prévost, las obras completas de Condillac, etc.

Francia durante el reinado de Luis XIV ejerció una preponderancia o hegemonía cultural superior a la de otros países y su influencia se dejó sentir por todo el Viejo Continente. Numerosos ilustrados intentaron aunar los contenidos de la nueva corriente sin olvidar todo lo presente de la tradición española.

Benito Jerónimo Feijóo y Montenegro (1676-1764), benedictino, llevó a cabo una inmensa crítica del estado intelectual de la sociedad española, de su estado docente, literario, económico y científico. Fue gran lector de Voltaire y de Descartes, conocedor de las experimentaciones y teorías científicas de Gassendi, Grimaldi, Boyle, Newton, Bacon, etc., apostaba por el futuro de la ciencia, pidiendo libertad para el estudio y su discusión; criticó viejas modalidades; convirtiéndose en enemigo acérrimo de las supersticiones; intentó validar la no contradicción entre fe y razón y, sobre todo, esgrimía a favor del triunfo total de la razón sobre la brutalidad (Lacadena Calero E, 1985).

Desde su perspectiva, Feijóo afirmó que eran seis las causas del atraso de las ciencias en España: el corto alcance de algunos de los profesores, el miedo con que España acogía cualquier novedad, la ignorancia, la poca difusión de la filosofía moderna, un vano temor de que las doctrinas nuevas en materia de filosofía trajeran algún prejuicio a la religión, y la emulación ya personal, ya nacional, ya fraccionaria (Martínez Arancón A, 1986). Detrás de sus planteamientos sugirió para superar la decadencia de España la urgente necesidad de ilustración del pueblo. Sus obras de mayor influencia en la América española fueron *Teatro crítico universal* y *Cartas eruditas*.

Siguiendo con el espíritu educativo de los ilustrados está Juan Bautista Cocharán, que en su obra *Rudimentos filosóficos* propuso un método con la intención de formar a cualquier persona con conocimientos medios a fin de estar capacitado de adentrarse en los saberes ya que era una lástima que ciencias tan provechosas cerraran sus puertas al pueblo.

Desde el eclecticismo ideológico y en el esfuerzo de la difusión de las nuevas ideas destaca Andrés Piquer, estudioso enciclopedista atraído por cualquier saber del momento, se convierte en un crítico contra toda sistematización, y, por el contrario, a favor de la observación y la experimentación (Abellán JL, 1981). El afán divulgador existente en los pensadores del siglo XVIII se explicita en *El pensador* dirigido por José Clavijo y Fajardo. A través de este periódico, se convierte en portavoz de la apuesta por la educación y la laboriosidad. Para él, la causa de muchos males no es la malicia sino la ignorancia (Lacadena Calero E, 1985).

El continuador de Feijóo en la segunda mitad del siglo fue, sobre todo, Gaspar Melchor de Jovellanos, que prosiguió el programa de reforma en el campo educativo y en la aplicación de los conocimientos prácticos, convirtiéndose en sinónimo de hombre ilustrado que aspira a transformar la sociedad y que cree en el progreso y que tiene como meta común la felicidad (Fernández Sanz, 1995). Para muchos estudiosos del siglo XVIII, representa la figura intelectual más importante del pensamiento español de la época.

Figura representativa, sobre todo en la concepción de la ciencia y de la filosofía de la historia, es Juan Pablo Forner. El conocimiento de la historia para Forner supone implícitamente un amor y un esfuerzo por la patria. Otros personajes fueron José Cadalso, Mayans y Siscar, partidario de un plan único para todas las universidades, Pablo de Olavide que replanteaba una reestructuración a la totalidad, Francisco González de Candamo, Luis Antonio Verney, Lorenzo Hervás y Panduro quien en su obra *Historia de la vida del hombre* traza los esquemas completos de una educación ideal, donde no olvida desde la formación física, hasta la moral, la civil, la religiosa y, por supuesto la científica, Pedro Rodríguez de Campomanes, León del Arroyal, Francisco Cabarrús, Diego Torres Villarroel, Padre Isla, Ignacio de Luzán, Leandro Fernández de Moratín, Meléndez y

Valdés, Antonio Palomino, Ceá Bermúdez, Antonio Ponz, Antonio Eximeno, Juan Andrés y Pedro Montengón, etc.

En la difusión de las nuevas ideas académicas la prensa participó de manera activa con los medios: *El Censor*, *El duende de Madrid*, *El corresponsal del Censor*, *La Gaceta de Madrid*, *El mercurio histórico y político* y *El correo general de Europa*.

Aunado a lo anterior, hubo científicos españoles destacados tales como Antonio de Ulloa Torre-Guiral (1716-1795), descubridor del platino; Juan José y Fausto Delhuyar, descubridores del wolframio y Andrés Manuel del Río, descubridor del vanadio (eritronio). El cuarto mencionado destaca porque pese a haber nacido en España, y a que le habían ofrecido cátedras de enseñanza ahí, optó por quedarse en el México independiente, su país de adopción.

Antonio de Ulloa Torre Guiral nació en Sevilla. En 1735 formó parte de una expedición a Ecuador y durante su estancia en México colaboró con el virrey Bucareli en su política naval, puso en marcha un proyecto para obtener noticias e informaciones sobre la realidad mexicana, para lo que elaboró un cuestionario basado, a grandes rasgos, en el que utilizó en Perú para redactar *Noticias americanas*. Describe el platino en 1748.

Juan José Delhuyar nació el 15 de junio de 1754 y su hermano Fausto Fermín el 11 de octubre del año siguiente. Ambos estudiaron en París y después en misiones de Estado recorrieron Europa para informar acerca de avances de armamento, aunque a ellos les interesaba la academia. Juan José fue enviado a Nueva Granada para tratar de aumentar la producción minera. Junto con José Celestino Mutis redactan en 1787, un Plan razonado del establecimiento de un Cuerpo Militar de Ingenieros Mineralógicos en el Nuevo Reino de Granada, similar al creado en México, aunque nunca llegó a funcionar. Inmediatamente después de regresar Juan José a Bergara informó a su hermano de las experiencias que había hecho en Suecia con el wolfram y la obtención de un ácido del que Bergman y Scheele pensaban que se podía extraer un nuevo metal; y comenzaron de inmediato los ensayos con el mineral wolfram que Juan José había traído de Sajonia.

El 28 de septiembre de 1783 los hermanos Delhuyar presentaron en las Juntas Generales de la RSBAP, el trabajo: "Análisis químico del wolfram, y examen de un nuevo metal, que entra en su composición", donde dan a conocer el procedimiento para aislar el nuevo metal. Juan José falleció el 20 de septiembre de 1796.

Fausto se incorporó al Real Seminario Patriótico de Bergara, España, para impartir clases de Mineralogía, Geometría Subterránea y Metalurgia pero terminó renunciando por falta de alumnos y emigró a México para dirigir el Real Seminario de Minería, que quiso desde el principio que tuviera una buena biblioteca y para conseguirlo propuso, el 13 de agosto de 1793 al Tribunal de Minería que se compraran todas las obras sobre el ramo que desde ese año se publicaran en España en latín, francés e italiano, que se comprara la biblioteca del Fiscal Juan Eugenio Santelices Pablo, que contenía libros de interés y que se comprara en México a los agentes libreros y a algunos particulares, los libros más importantes para las enseñanzas teóricas y prácticas de las distintas disciplinas.

Este investigador tuvo serias dificultades y contratiempos en su etapa mexicana, pues no consideraba a los hombres de ciencia en la Nueva España con la preparación suficiente para ocuparse de las enseñanzas y no se recataba de expresar públicamente el bajo concepto que tenía de criollos y mexicanos. Después de la independencia de México regresó a España, aunque su hija nacida en México se quedó a vivir en la Habana.

Por mandato de la Junta de Fomento de la Riqueza del Reino en España, escribió una memoria que sirvió de base para redactar el real decreto del 4 de julio de 1825 que regulaba el fomento de la industria mineralógica extractiva española inspirado en la legislación mexicana. Falleció el 6 de enero de 1833.

Andrés Manuel del Río nació el 10 de noviembre de 1764 en Madrid. A los 16 años destacaba en Física Experimental y en el curso 1781-1782 fue galardonado con el premio universitario "Concursante más aprovechado". Emigró a la Nueva España para impartir la cátedra de Mineralogía en el Real Seminario de Minería. Estando en México, del Río aisló el vanadio en 1801, utilizando minerales que encontraron en distritos mineros mexicanos, entre ellos Zimapán, contando para los análisis químicos con dos de sus mejores discípulos: Cotero y Ruiz de Tejada. Desgraciadamente el movimiento insurgente modificó la situación del Real Seminario porque muchos de los mejores alumnos y docentes murieron por la causa.

Del Río formó una familia mexicana, tuvo dos hijos nacidos en México y él se consideraba mexicano, tanto que en las Cortes de Cádiz fue de los pocos diputados que votaron a favor de la independencia de la Nueva España. Mientras participaba en dichas Cortes le ofrecieron la dirección de las minas de Almadén y la del Museo de Ciencias Naturales de Madrid, pero no aceptó ninguna de las dos porque prefería regresar a México, a su cátedra. Antes de regresar la mujer de Fausto Delhuyar le preguntó "¿A dónde se dirige usted del Río? ¿No sabe que México se ha hecho independiente? Y él respondió "Sí señora lo sé, pero vuelvo a mi patria".

En 1829, cuando el gobierno del México Republicano elaboró una lista de españoles declarados proscritos por haberse alineado con la conspiración del Padre Joaquín Arenas, que pretendía una reconquista de México, aunque del Río no estaba en ella, solidario con los españoles que debían abandonar México se autoexilió en Estados Unidos donde llegó a ser Presidente de la *Geological Society* de Pensilvania.

En la América española, el primer problema que podemos plantearnos es la propia aparición del científico criollo, que parece nacer como un hijo de la Ilustración europea y de la tradición cultural estrictamente criolla. La asimilación del racionalismo, la exaltación de la utilidad de la ciencia, los principios reformistas en lo político, lo social, lo económico y la insistencia en la educación moderna, se encontraría en el científico criollo ilustrado fuertemente enlazada con la tradicional reivindicación frente a la metrópoli de los nacidos en suelo americano, los hijos de la tierra, la defensa de su glorioso pasado prehispánico y la mitificación de la exuberante naturaleza americana, rasgos que les separan claramente de la visión europea, siempre cargada de prejuicios hacia las lejanas tierras americanas sus habitantes y sus monstruosidades naturales (Soto Arango D, 1999).

Como ha demostrado magistralmente Bernard Lavallé, el propio término criollo surgió probablemente en el siglo XI, para designar a los esclavos negros nacidos en América que así se diferenciaban de los africanos o bozales. Su extensión a los descendientes de los conquistadores especialmente tras la negativa de la Corona de conceder las encomiendas a perpetuidad, lleva durante el siglo XVI y gran parte del XVII una tremenda dosis de desconfianza y desprecio. Invariablemente se les achaca debilitamiento físico por el clima, pereza, dudosa ortodoxia religiosa, envilecimiento moral por las normas relajadas que imperaban en la sociedad mestiza e incluso degeneración por haber sido criados con leche de nodrizas indias, negras o mulatas (Lavallé B, 1993). Así, el fenómeno de criollización de los españoles en América es visto por los europeos como una degeneración física y moral, expresada explícitamente en la conocida polémica entre los filósofos europeos (Buffon, De Pauw, Robertson, Raynal, etc.) y los intelectuales criollos, tan bien estudiada en el libro de Antonello Gerbi (Gerbi A, 1982).

5. Difusión en México de las ideas de la Ilustración

Las dificultades de los virreyes de la primera mitad del siglo XVIII eran las mismas: proporcionarse recursos que enviar a la metrópoli, necesidad de recursos para la administración propia, conflictos entre autoridades eclesiásticas y políticas, la sociedad víctima de ladrones, corrupción, ataques franceses por el norte de las posesiones españolas, ingleses por Yucatán y rebeliones de tribus indígenas en el Norte y Occidente.

Las ideas de la "Ilustración" fueron elaboradas y alentadas en Inglaterra por John Locke y más tarde las introdujo en Francia Voltaire, a su regreso a aquel país, con la publicación de *Cartas sobre los ingleses*. Se fundamentaban sobre todo en el principio erasmiano de la tolerancia y en el enfoque empirista del problema del conocimiento. Dicho movimiento cultural se caracterizaba por una actitud crítica frente a todo cuanto no puede entrar en el ámbito de la razón. De ahí el propósito de "aclarar" y liberar cualquier campo de la vida y el pensamiento del oscurantismo del pasado, de la autoridad de las antiguas tradiciones y de las supersticiones sociales y políticas (De Micheli A, 1998).

La difusión de las teorías científicas modernas, tiene en América antecedentes notables en el siglo XVII, particularmente en los casos de la física, astronomía y matemáticas. En México, hacia la tercera década del siglo XVII se iniciaba el interés por la ciencia moderna en un pequeño grupo organizado en forma de tertulia. El interés de este grupo expresaba ciertamente un afán por el conocimiento, pero, igualmente, una temprana oposición intelectual y un malestar de los criollos y mestizos con la dominación española (Trabulse E, 1988). En 1648 se iniciaron varios procesos inquisitoriales contra algunos miembros de estas tertulias. La persecución de que fue objeto esta comunidad a través de la confiscación de libros, la censura, y los juicios nos explica que ahí surgiera el fermento de un nacionalismo científico que tan fuertemente se expresó un siglo después.

El siglo XVIII fue un tiempo de gran auge en México, tanto en lo material como en lo cultural. Por ejemplo, algunos de quienes impartieron filosofía fueron los siguientes grupos (Beuchot M, 1996).

Agustinos:

De Fray Simón José Cervantes se conserva un curso que dictó en México en el Colegio Máximo de San Pablo.

Fray Fermín de Ylarregui también enseñó en el Colegio de San Pablo.

Fray Francisco Javier de Meza enseñó en el convento de San Agustín de Puebla.

Fray Vicente Tenorio dejó un curso filosófico.

Manuel Murillo dejó un resumen de la Filosofía de Nicolás Cárdenas y fue maestro de la Provincia del Santísimo Nombre de Jesús. Fue además rector del colegio de San Pablo.

Carmelitas:

Fray Juan de San Anastacio nació en Villarasa, Sevilla. Fue profesor del Colegio de San Alberto, de Querétaro, y en el de San Ángel, de Chimalistac. Enseñó retórica en San Alberto.

Clérigos seculares:

Agustín José del Río y Loza, nació en Guadalajara y enseñó en el seminario tridentino de esa ciudad.

Antonio Mariano Aragonés.

Carlos Celedonio Velázquez de Cárdenas y León enseñó en el Colegio Seminario Tridentino de San Pablo y de la Purísima Concepción, de México (al parecer fue tío del célebre científico mexicano don Joaquín Velázquez de León).

Juan Ignacio de la Rocha en el mismo colegio que el anterior.

Dominicos (fueron los guardianes del tomismo):

Antonio Viar y Larrimbe sucedió a Mancilla en el colegio de Porta Coeli cuando el primero pasó a ser maestro de estudiantes.

Cristóbal Coriche enseñó en Puebla.

Fray Antonio Mancilla en el Colegio de Porta Coeli, al igual que José Ignacio Cuéllar y Manuel López de Aragón.

Fray José Jiménez de Villaseñor escribió una obra de lógica pero no se tiene la fecha ni el lugar.

José Gallegos profesó la filosofía en el convento de Santo Domingo, de México.

Vicente Aragón enseñó en el colegio de San Luis, de Puebla.

Escolásticos:

Domingo de Toledo en el Colegio de San Francisco Javier, de Querétaro.

Francisco Javier Alejo de Orrio en el Colegio de la Compañía en Zacatecas.

José Prudencio de la Piedra en el Colegio de Valladolid (hoy Morelia).

José de Zamora, José Luis Falcumbelli, José Maldonado, Juan Francisco López, Juan José Villar Villa Amill, Nicolás Prieto, Matías Blanco y Pedro Ignacio de Avilez en el Colegio Máximo de San Pedro y San Pablo.

José Bueno Bassori, Manuel Alvarez, Mariano Soldevilla y Nicolás de Peza en el Colegio de San Ildefonso, de Puebla.

Gregorio Vázquez de Puga, José Ignacio Sánchez y José Mariano de Vallarta y Palma en el Colegio Máximo de San Pedro y San Pablo y también en Puebla.

José de Utrera, rector de los colegios de Zacatecas y Tepozotlán, enseñó en Querétaro en el Colegio de la compañía y en Puebla en el Colegio de San Ildefonso.

Juan Lorenzo Valdetaro enseñó en el Colegio Máximo de México y en el Colegio de Santo Tomás en Guadalajara.

Pablo Robledo en el Colegio de San Ildefonso, enseñó en Guadalajara, donde fungió como rector del Colegio de San Juan.

Además destacaron Cristóbal Flores, Francisco Javier Herize, José de Maya, José del Villar, José Francisco de Molina, José Luis de la Santa Cruz, Mariano M. Jerónimo del Puerto y Pedro Boldo.

Franciscanos (en general tratan de comentar a Aristóteles bajo la guía de Duns Escoto):

Anselmo Zéspedes enseñó filosofía en el convento de San Francisco en Puebla.

Cristóforo Grande enseñó en el convento de Santiago de Querétaro.

Emiliano Millán de Zerezeda enseñó en Xochimilco, en el colegio de San Bernardino de Siena y también en Texcoco en el convento de San Antonio.

En el Convento de San Francisco de Totimihuacán Felipe Ortiz dictó las materias de lógica de un curso de artes, y fray Joaquín Camacho Dávila las partes de la física. También enseñaron ahí Francisco Acevedo, José Rodríguez Malo y Manuel Enciso y Texada.

Fray Antonio Quiñones escribió en el Colegio de San Buenaventura, de Tlatelolco.

Fray Francisco Camacho fue lector de teología en la provincia del Santo Evangelio de México.

Fray José Antonio de Aldalur. Enseñó filosofía en el convento de San Francisco de Querétaro.

Fray Pedro de Oronsoro nació en Huamantla, Tlaxcala. En los conventos de Santa Bárbara, de Puebla y en el de Santa María de los Ángeles. Se conservan sus lecciones de lógica, física y metafísica.

Joaquín Bernardo Balmaseda en el Colegio de San Buenaventura, de Tlatelolco y fray José Roldán, en el convento de San Diego, de México.

José Manuel Chamorro en el convento de Santa Bárbara, de Puebla.

José Alderete fue lector del Colegio de San Buenaventura, de Tlatelolco.

José Torres enseñó en el convento de San Francisco de Guadalajara.

Manuel del Camino enseñó en el convento de San Francisco, de Puebla, y en el Colegio de San Buenaventura, de Tlatelolco. José Varela en ese mismo colegio dio lecciones de lógica. José Villaseñor dejó otro curso de artes.

Manuel García de Rendón profesó la filosofía en el Colegio de San Buenaventura, de Tlatelolco.

Otro curso filosófico escotístico notable fue el de Luis Mariano de la Vera en el convento de San Francisco, de Totimihuacán. Cursos parecidos dejaron fray Agustín José Vidarte en el convento de San Gabriel, de Cholula, y fray Miguel de Sologuren en el convento de San Francisco, de Puebla.

Jesuitas:

El siglo XVIII fue el más floreciente y de más intensa actividad para los colegios de la Compañía de Jesús, hasta que los jesuitas fueron expulsados en 1767 por orden real. Prácticamente fueron los educadores de la juventud mexicana e influyeron mucho en las ideas filosóficas, tanto en las de la filosofía tradicional como en la introducción de las ideas modernas.

Mercedarios:

Fray Juan Antonio de Segura y Troncoso enseñó en el Colegio de San Pedro Pascual, del que fue rector.

Renovación filosófica jesuítica:

Antonio José de Jugo.

Diego José Abad en Zacatecas y en el Colegio Máximo.

Francisco Javier Alegre. En el Colegio Máximo de San Pedro y San Pablo y en Veracruz y en Mérida.

Francisco Javier Clavigero enseñó en Valladolid y en Guadalajara. Escribió contra de Pauw lo siguiente: "Después de una experiencia tan grande y de un estudio tan prolijo, por el que creo poder decidir con menos peligro de errar, protesto a Pauw y a toda Europa, que las almas de los mexicanos en nada son inferiores a las de los europeos; que son capaces de todas las ciencias, aun las más abstractas, y que si criasen en seminarios bajo buenos maestros y si se protegieran y alentaran con premios, se verían entre los americanos, filósofos, matemáticos y teólogos que pudieran competir con los más famosos de Europa" (Clavijero FX, 1974).

Ignacio Blanco en Puebla.

Juan Angel de Ochoa en el Colegio de San Ildefonso, de Puebla.

Raymundo Mariano Cerdán en el Colegio de Santo Tomás, de Guadalajara.

Oratorianos:

La Congregación del Oratorio de San Felipe Neri dirigía un Colegio en San Miguel el Grande.

José Antonio Fernández.

Juan Benito Díaz de Gamarra y Dávalos.

Gregorio Mayans y Siscar (1699-1781), erudito español, catedrático de la Universidad de Valencia y oficial de la Biblioteca Real, estuvo en contacto con Voltaire y otras figuras. Elaboró en 1741 un *Catálogo de los españoles que han escrito de cirugía y anatomía en castellano.*

En diciembre de 1784, Immanuel Kant –cuyas investigaciones, por influencia de la lectura de Hume se orientaron hacia el problema nosológico y hacia la posibilidad de considerar a la metafísica como ciencia (criticismo) –, trató de definir el movimiento de Ilustración. Por eso publicó el artículo "Contestación a la pregunta: ¿Qué es la Ilustración (*Aufklärung*)? (Kant I, 1784), en el que determina, fundamenta y afianza el contenido de esta corriente de pensamiento, mediante el concepto crítico de "autonomía'" (Kant I, 1784).

Las ideas ilustradas comenzaron a difundirse en España al amparo de la corte borbónica. Así hacia 1750 se avivó un nuevo espíritu científico, en la senda trazada por el ilustre padre Feijóo y sus seguidores como Piquer y Casal (Marañón G, 1934). La Ilustración que llegó a América fue, en primera instancia, la que había arraigado en la Península y pronto comenzaron a soplar vientos renovadores en la Nueva España. Se estableció una comunicación científica entre el viejo y el nuevo mundo, lo que puede comprobarse por la presencia de revistas y tratados científicos europeos en las principales bibliotecas novohispanas (Biblioteca Turriana, 1758).

En la biblioteca de la Real y Pontificia Universidad de México, creada en 1760, se hallaban el *Journal de Médeci*, derivado del *Recueil périodique d'observations de Médecine* que fundara Charles-Augustin Vandermonde por 1750, y el *Journal de Chirurgie* fundado por Pierre-Joseph Desault en 1791 (De Micheli A, 1977). Figuraban asimismo publicaciones de innovadores españoles, como ambas partes de *Praxis medica* (1762 y 1764) de Andrés Piquer y Arrufat. No faltaban los *Elementa physioligiae corporis humani* de Albrecht von Haller (1757-1776) ni las *Institutiones medicae* (1708) de Hermann Boerhaave. Más aún, esta última publicación, así como las obras completas de Baglivi, de Morton y de Willis, se mencionaban en un inventario de la llamada biblioteca Turiana –que era pública– recopilado el 15 de octubre de 1758 (Biblioteca Turriana, 1758).

Los periódicos científicos ilustrados hicieron posible que se estableciera una comunicación entre los científicos de diversos lugares en cada país y, hecho muy importante, entre los de las diferentes regiones americanas. Esto se pone de manifiesto en la correspondencia con los lectores. Respecto de la comunicación transversal entre los diversos países, se observa en las citas y en la reproducción de artículos publicados en otros periódicos americanos una solidaridad de ideales. Varios trabajos de Alzate fueron publicados en Lima y Santa Fe.

La permanente recurrencia en las páginas de periodismo ilustrado a los temas americanos relativos a la geografía, recursos naturales, cultura, economía e historia, así como a las posibilidades del desarrollo autónomo que éstos ofrecían, contribuyó a la formación de la conciencia nacional de las naciones americanas. Al sentimiento telúrico y patriótico del criollo se sumó por la vía de la cultura, el nacionalismo científico. Ambos se integraron para producir una cada vez más clara conciencia de la realidad geocultural que enfrentaban cotidianamente. A su término, este proceso gradual de autodescubrimiento de los propios americanos de su ser histórico los condujo inevitablemente a la emancipación de España (Saldaña JJ, 1990; Arboleda LC, 1992).

Entre los científicos ilustrados novohispanos, destacan las fuertes personalidades del clérigo Juan Benito Díaz de Gamarra (1745-1783), del Padre Francisco Javier Clavijero S.J. (1731-1787), heredero del pensamiento histórico de Vico, del matemático Joaquín Velázquez de León (1725-1786), del astrónomo Antonio de León y Gama, del investigador José Antonio Alzate y del médico José Ignacio Bartolache.

Velázquez de León ocupó la cátedra de Matemáticas en la Universidad de México, destacando por sus estudios astronómicos que le llevaron a recorrer las Californias, además, junto con el peninsular Juan Lucas de Lassaga solicitaron la anuencia para la fundación de un establecimiento de enseñanza técnica, donde preparar los cuadros calificados para dirigir el trabajo de las minas. Allí se enseñaría aritmética, geometría, álgebra, hidrostática, hidráulica, ventilación de las minas, manejo de explosivos, química, mineralogía, metalurgia y dibujo.

Todos estos planteamientos tuvieron apoyo de José de Gálvez desde la Secretaría del Despacho Universal de Indias y más aún cuando fue Visitador General en la Nueva España (1765-1772), de tal forma que el 1 de julio de 1776 se expidió una Real Cédula que ordenaba la creación de un Real Tribunal General de Minería en México, el cual autorizaba la creación de un Banco de Avíos, "cuyos fondos deberían ser aplicados al fomento de las minas y al sostenimiento de un Colegio Metálico".

Antonio de León y Gama fue un astrónomo de prestigio, especialista en ciencias exactas y autor de una obra extensa incluyendo *Descripción ortográfica universal del eclipse de Sol del día 24 de junio de 1778* y *Disertación física sobre la materia y formación de las auroras boreales.*

Es importante mencionar que debido a que el Guadalupismo constituyó en México una verdadera ideología nacionalista en el terreno religioso y cultural con una amplia base en la sociedad, científicos como Bartolache y Alzate, por ejemplo, se ocuparon de este tema, que además de protegerlos contra acusaciones de irreligiosidad y herejía por su adhesión a la modernidad, su gesto les ayudaba a mostrar que no había incompatibilidad entre religión y ciencia. Su proyecto de nacionalismo científico podía entonces abrirse paso en la mentalidad supersticiosa y religiosa de la época (Saldaña JJ, 1990).

Nacido el 30 de marzo de 1739 en Guanajuato, Bartolache llegó muy joven a la capital de la Nueva España, en donde siguió la carrera de medicina porque así se lo exigían, aparentemente, sus protectores. De todas formas no perdió ninguna oportunidad para que su paso por las aulas universitarias no quedara inadvertido. Alzate le atribuyó el mérito de haber renovado los estudios médicos (Buen Abad M, 1831).

Entre los libros científicos del inventario de la biblioteca del doctor Bartolache estaban publicaciones de los innovadores de su época (Sánchez FR, 1972-1976), como las obras completas del maestro de Leiden, cuatro tomos de los escritos de von Haller, los ensayos de fisiología del vitalista escocés Robert Whytt, el tratado del pulso de Solano de

Luque y el de Teófilo Bordeu, la Farmacopea matritense, el curso de botánica de Casimiro Gómez Ortega y el Diccionario de historia natural de Valmont de Bomare. Había asimismo el tratado de anatomía de Vieussens, la monografía de Gaspare Aselli sobre los vasos quilíferos y un volumen de las obras de Bernardino Ramazzini, fundador de la medicina del trabajo. No faltaban clásicos de la medicina tales como la *Materia Médica* de Dioscórides Pedanio, el *Tratado de Anatomía* de Vesalio, escritos de Paracelso, de Pitcaim y de Silvio.

Pero mientras estudiaba medicina, Bartolache dedicó cierto tiempo a las matemáticas, bajo la guía de Joaquín Velázquez de León. Cuando este último tuvo que hacer un viaje hacia las regiones del noroeste, con el séquito del visitador José de Gálvez, el joven guanajuatense fue designado para sustituirlo en la cátedra de "Astrología (astronomía) y matemáticas", asignatura obligatoria para los estudiantes de medicina, tal y como consta en el Archivo General de la Nación de México (AGNM) (AGNM Universidad. V. 89). Dicha cátedra, establecida en 1637 (Fernández del Castillo F, 1953), había sido inaugurada por fray Diego Rodríguez, el más destacado matemático y astrónomo mexicano del siglo XVII, a quien sucedió don Carlos de Sigüenza y Góngora. Bartolache se hizo cargo de ella en 1768 y al año siguiente publicó sus *Lecciones de matemáticas* (Bartolache JI, 1769), primer texto que apareció en México sobre el tema de las matemáticas modernas.

El autor se ocupaba igualmente de astronomía efectuando interesantes observaciones astronómicas con Alzate (1769) y con Velázquez de León (1771). Además, recibió el grado de licenciado en medicina el 12 de julio de 1772, y el 10 de agosto siguiente sustentaba su tesis doctoral sobre el primer aforismo de Hipócrates: *Vita brevis, ars longa: experimentum periculosum, judicium difficile.*

El flamante doctor emprendió la ardua y costosa tarea de publicar una revista médico-científica *Mercurio volante* (Bartolache JI, 1772), cuyo número inicial salió a la luz el sábado 17 de octubre de 1772. Fue este el segundo periódico cultural mexicano –en 1768 había aparecido el *Diario Literario* de Alzate–, y la primera revista médica de todo el Continente Americano. Pudo publicarse en forma hebdomadaria más o menos regular hasta el miércoles 10 de febrero de 1773, coincidiendo casi con la publicación de la segunda revista de Alzate: *Asuntos varios sobre ciencias y artes*, la que vio la luz una semana después y duró un poco menos que el *Mercurio volante*. Cabe mencionar que este título ya había sido utilizado en una publicación de Sigüenza y Góngora (Sigüenza y Góngora, 1693). En el segundo número de su revista, critica el editor los sistemas de enseñanza vigentes en la Nueva España y explica qué es la buena física, entendida como la ciencia que se ocupa del conocimiento de los cuerpos inanimados y animados, por lo que comprende también la medicina. El fascículo quinto está consagrado a la defensa del arte médico. Constituye, pues, una extensa refutación a los que opinaban que la medicina era inútil por sus limitaciones. Los dos últimos números están dedicados a un ensayo anónimo acerca de la importancia de la anatomía para los estudios médicos, y tratan de las disecciones anatómicas de tipo didáctico, que se realizaban en la Real Escuela de Cirugía, instalada en 1770 en el antiguo Hospital de San José de los Naturales.

El 15 de septiembre de 1773 se dio posesión a dicho médico como regente de la cátedra de Prima de Medicina, que desempeñó durante unos años, y en 1774 se iniciaron sus relaciones científicas con el filósofo y físico Juan Benito Díaz de Gamarra.

Con motivo de la epidemia de viruela que se presentó a mediados de 1779, Bartolache envió al virrey Mayorga un plan para combatir tal enfermedad. El cabildo Civil de la capital lo aprobó casi íntegramente el 24 de octubre de aquel año (AGNM Hospitales. V. 71). Por otro lado, debe mencionarse el dictamen aprobatorio de Bartolache acerca del proyecto de inoculación preventiva de material varioloso (variolización), presentado a las autoridades virreinales por el doctor Henri Morel (Morel EE, 1779). De este modo, la capital novohispana fue el teatro de las primeras inoculaciones efectuadas en el continente americano.

Con toda justicia afirmó Alzate en el elogio del doctor Bartolache publicado en la "Gazeta de Literatura" del 3 de agosto de 1790, que: "...ha habido y hay en la América muchos sujetos capaces de contestar con honor en todas facultades y uno de ellos era, sin disputa alguna, el insigne literato, cuyo elogio me he propuesto publicar".

6. Discusiones transoceánicas

Desde el descubrimiento de Colón existió un gran interés por las obras referentes a las llamadas Indias occidentales y el surgimiento consecuente de bibliografías, siendo el primero Fernando Colón, hijo natural del descubridor y de Beatriz Henríquez de Arana y con ejemplos posteriores, siendo el ejemplo más notable el *Epitome* de León Pinelo, editado en 1629 (Carbonell Boria MJ, 2002). En los años 1737-1738 apareció una segunda edición, corregida y aumentada, en tres volúmenes a cargo del erudito Andrés González de Barcia y Zúñiga.

A inicios del "Siglo de las Luces" pese a la guerra de sucesión con el involucramiento de portugueses, holandeses, alemanes, italianos, franceses e ingleses principalmente, España resistió un siglo más como rectora de sus colonias en América, aunque eso sí, las naciones que ayudaron a sostener a Felipe V se cobraron la factura con diversas concesiones.

La segunda mitad del siglo XVIII fue para el mundo y para México, etapa de grandes transformaciones científicas, políticas, sociales y filosóficas; por eso se le llamó el siglo de las luces, la época de la ilustración. No obstante esa época de florecimiento intelectual, entre 1749 y 1780 algunos de los autores más influyentes de la ilustración europea (el conde de Buffon, el abate Raynal, Cornelius de Pauw y el historiador escocés William Robertson), escribieron páginas denigratorias sobre la naturaleza americana, y advirtieron una incapacidad natural de los oriundos de América para crear obras de cultura y ciencia. Específicamente, Robertson en su obra *History of America* (Robertson W, 1812) escribió que los aztecas y los incas pertenecieron al más alto grado de barbarismo o a las primeras etapas de transición del barbarismo a la civilización.

El jesuita francés Joseph-François Lafitau en su obra *Moeurs des sauvages americains comparées aux moeurs des premiers temps* (Lafitau JF, 1724) sugirió que la civilización de los indios americanos ofrecía una oportunidad a los filósofos europeos para estudiar las mismas estructuras sociales arcaicas por las que la gente civilizada de Europa alguna vez pasó.

Hegel considera al continente americano en más de un pasaje de sus obras como inmaduro e inferior al Viejo Mundo, como en su *Filosofía de la historia* donde opinó acerca del futuro de América: "no nos interesa", puesto que no pertenece ni a la historia ni a la filosofía (Hegel GWF, 1907). Argumentó que los aborígenes americanos eran una raza débil en proceso de desaparición, con rudimentarias civilizaciones y cultura inferior, y que en el sur los indios eran todavía más cobardes y nunca se hubieran liberado del yugo español ya que fueron los criollos quienes se rebelaron, y que en Paraguay eran como chiquillos incapaces. Humboldt, al regresar de los trópicos y de los moribundos virreinatos, fija para muchas generaciones la imagen de una América rica en vigor físico y pródiga en espectáculos estupendos. En los decenios subsecuentes, todos los entusiastas de América se apoyarán en las robustas afirmaciones del naturalista prusiano, y todos los denigradores encontrarán algún sostén en las sentencias del filósofo de Suabia.

Buffon en su obra *De la dégénération des animaux* se enorgullecía al decir que las especies de animales del Nuevo Mundo eran distintas y en muchos casos inferiores a las del Viejo Mundo, y que incluso los animales domésticos europeos llevados a América degeneraban. Los comentarios de Raynal en su *Histoire philosophique et politique des élablissements et du commerve des européens dans les deux Indes* llegaron al grado de decir que los americanos tenían pobres condiciones amatorias con unas mujeres que en vez de servir al placer de los machos servían a la pereza de estos. Para Marmontel la América sirvió para obras novelescas con alegatos humanitarios diciendo que aunque eran faltos de espíritu no carecían de cierto valor instintivo (Berveiller M, 1959). Después de Buffon, la denigración de la naturaleza americana llegó a un extremo insuperable con las *Recherches philosophiques sur les Américains, ou Mémoires intéressants pour servir à l'histoire de l'espèce humaine*. En esta obra De Pauw escribió que los salvajes de América eran bestias, o poco más que bestias que odiaban las leyes de la sociedad y la educación, que vivía cada uno por su cuenta en estado de indolencia, inercia y completo envilecimiento. Escribió que los americanos son como muchachitos incurablemente perezosos e incapaces del menor progreso. Incluso llegó a decir que los genitales del camello en América dejaron de funcionar. Antes que él, Francis Bacon escribió tanto en *Nueva Atlántida* como en *Ensayos civiles y morales* que en América había ocurrido un diluvio más reciente que el diluvio universal que explicaba que hubiera tan poca gente en esa parte del planeta y que fuera tan bárbara e inculta.

Precursores de la tesis de la inferioridad "de los indios" fueron John Mair (1510), los dominicos españoles Gregorio (1512), fray Tomás Ortiz (1525) y fray Domingo de Betanzos (1528-1538), seguidos de Gregorio López de Tovar (Mártir de Angleria P, 1944). Bernardino de Sahagún atribuía vicios y deficiencias de los indios a una nefasta influencia del clima y de las constelaciones americanas, que se extendía también a los españoles y más aún a los criollos (Keen B, 1971). Incluso Montesquieu escribió que los salvajes de América eran indisciplinados, incorregibles, incapaces de entender y de aprender (Montesquieu, 1892).

Del otro lado de la disputa estuvo Antoine-Joseph Pernety (1716-1801) quien escribió que era pecisamente de las tierras desventuradas y malditas de América de donde les llegaban a los "privilegiados" europeos el azúcar, el cacao, el café, la cochinilla y las maderas preciosas, las pieles y el algodón con que se vestían (Pernety AJ, 1770). De Pauw le contestó casi inmediatamente a Pernety *en Défense des Reherches philosopihques sur les Américains*, donde agregó por ejemplo, que las indias americanas eran todas feas, por lo que no tenía nada de raro que hubieran sido maltratadas por sus maridos y como reacción, éstas se hubieran dado a los españoles como libertadores. Admitía por otra parte que florecerían algún día las artes y las ciencias en el Nuevo Mundo, primero en el norte que en el sur, porque los colonos ingleses se dedicaban tenazmente, mientras que los españoles y los portugueses que poseían las mejores provincias de América habían adquirido por contagio toda la pereza de los indios. Pernety escribió la contraréplica en *Examen des "Recherches philosophiques sur l'Amérique et les Américains" et de la "Défense" de cet ouvrage*, que sin embargo resultó reiterativa. En un artículo que De Pauw escribió para el *Supplément à l'Encyclopedie*, mantuvo su teoría de la inferioridad de los americanos y así como en sus *Recherches* se había mofado de la Universidad de Lima, ahora se burlaba de la de Harvard y en cuanto a los criollos reafirmó su inferioridad atribuyéndoselo al clima (De Pauw C, 1776). La Doucer criticó las ideas de De Pauw y aunque admitió que ningún indio educado por los españoles se había hecho famoso todavía, preguntaba si había un español famoso fuera de Cervantes; por su parte, el italiano Paolo Frisi, escribió que América era un continente muy extenso, con gran diversidad y hacía referencia al inca Garcilaso y al pararayos de Franklin. Jean-Baptiste Claude Isoard, conocido como Delisle de Sales, también pensaba que el continente Americano era más nuevo basándose en que sus montañas eran más altas porque se habían erosionado menos, y al mismo tiempo opinaba que si el americano seguía siendo esclavo era porque no se atrevía a pensar (de Sales D, 1770-74). Otro crítico de De Pauw fue el abate Roubaud en *Histoire générale de l'Asie, de l'Afrique e de l'Amérique*, pero dedicándose más a rebatir todo a su adversario que a dignificar a América a la que seguía viendo inferior a Europa.

Ferdinando Galiani en diversas cartas publicadas posteriormente en una obra llamada *Correspondence* (Perey L, 1881), argumentaba que sólo la raza blanca y barbada era susceptible de progreso, creyendo sin embargo que toda América progresaría y poniéndose del lado de los norteamericanos cuando se independizaron de Inglaterra, lo que ocasionó el enojo del mismo David Hume (Greig JYT, 1932), y diciendo que el porvenir pertenecía al Nuevo Mundo. A la disputa se adhirió Manon Phlipon, una parisiense de 22 años, tierna y agresiva al mismo tiempo, llena de energía y sentimiento, quien primero admiraba a De Pauw por su erudición y luego lo empezó a criticar diciendo que las mujeres americanas no tenían un temperamento tan frígido (Dauban ChA, 1867). Como muestra de los vaivenes que se presentan en las mentes de quienes se consideran en un momento determinado grandes filósofos, está Buffon, quien después de estar en desacuerdo con las exageraciones de De Pauw acerca de la degradación de América dice en sus *Époques de la nature*, que los indios de la Florida, los mexicanos, los tlaxcaltecas, los peruanos, etc., eran hombres de nervio y músculos, y valerosísimos no obstante la inferioridad de sus armas; si bien seguía opinando que América era un mundo joven, y que sus habitantes eran menos emprendedores ya no decía que los americanos fueran impotentes y débiles como anteriormente había afirmado.

El escrito que difundió por toda Europa las tesis de Buffon y De Pauw fue *The History of America* de William Robertson en 1777. Aquí escribió que los habitantes de América no habían hecho nada por mejorar la tierra, que había resultado malsana para los europeos y extrañamente débil en todos sus productos y que las bestias venidas de Europa habían empequeñecido o habían degenerado; además agregó que los verdaderos animales domésticos de los indios americanos eran sus mujeres, a quienes trataban como bestias de carga, envilecían y despreciaban porque eran hombres sin ninguna sensibilidad. Oliver Goldsmith escribió en *History of the Earth and Animated Nature* de 1774 que incluso muchas aves de América eran mudas. Horace Walpole escribió en 1774 que quizás habría una nueva época augusta al otro lado del Atlántico, pero al mismo tiempo dudaba, al seguir la tesis de Buffon de que los europeos emigrados a América degenerarían como los animales. Lord Kames, pese a que sabia del inca Garcilaso, opinaba que los indios eran fortísimos en los suplicios pero carecían de valor activo (Kames L, 1779).

El fenómeno social que caracterizó la Ilustración en la América virreinal fue el incremento de la conciencia de peculiaridad experimentado por los criollos. Desde los primeros decenios de la administración española en las Indias había nacido, por escisión espontánea un conflicto interno sumamente grave, el que oponía a los criollos contra los españoles peninsulares, en una distinción que no era ni étnica, ni económica, ni social, era geográfica. Los criollos eran menospreciados y surgió el fuerte orgullo por su tierra, orgullo que además no se basaba en un pasado colonial oscuro y teocrático sino en la naturaleza y en su pasado prehispánico que prometía un desarrollo casi sin límites. A ellos hay que unir la recuperación demográfica y el progresivo crecimiento económico impulsado por la minería y la metalurgia de la plata.

Los primeros en responder a los ataques de supuesta inferioridad de los americanos fueron los religiosos y letrados criollos, que se habían distinguido por afirmar las virtudes creativas de los nacidos en América. Así, Juan José Eguiara y Eguren, respondió a esas invectivas con su *Biblioteca mexicana* (1755), una obra monumental consagrada a mostrar los méritos de la producción científica y literaria de los mexicanos, desde los tiempos más antiguos hasta las primeras décadas del siglo XVIII. Garcilaso, hijo peruano de un capitán español y de una princesa incaica, había iniciado sus *Comentarios reales de los incas* (Rosenblat A, 1943) diciendo que el Viejo y Nuevo Mundo eran todo uno.

Los jesuitas prófugos redactaron los primeros alegatos en defensa de América, exaltando siempre la capacidad de los indios para educarse y perfeccionarse en todas las artes y ciencias, sobresaliendo por su extensión la obra *Storia antica de Messico* de Francisco Javier Clavijero (Clavijero FJ, 1781). El amor patrio fue lo que lo movió a escribir esta obra, cotraatacando a quienes desde París, Berlín, y Edimburgo habían denigrado su tierra. Este historiador explicó que los indios no estaban entendidos en ciencias y artes como deberían no por falta de talento sino por miseria, también acusaba al colonialismo europeo de haberlos mantenido deliberadamente en la ignorancia. Negó la glotonería e ingratitud como vicios que imputaba De Pauw a los indios de América aunque aceptó que eran dados a la embriaguez pero difundida con la llegada de los españoles. Opinaba que si bien la educación de los aztecas era en cierto modo inferior a la griega bajo el aspecto intelectual, era superior con mucho, desde el punto de vista de la moral y de la virtud.

El padre Juan Ignacio Molina, también jesuita expulsado se dedicó a defender a Chile; otro sacerdote desterrado don Juan de Velasco, originario del actual Ecuador escribió su *Historia general del reino de Quito* en la cual contradecía a De Pauw, Robertson, Raynal, Marmontel y Buffon. Los padres jesuitas españoles José Jolís y José Manuel Peramás hablaron de las regiones de Chaco y Río de la Plata. El padre italiano Filippo Salvatore Gilij emprendió la descripción del Orinoco y la Tierra Firme, el territorio de las actuales repúblicas de Venezuela y Colombia.

El economista italiano Gian Rinaldo Carli, basándose en informaciones arqueológicas y lingüísticas proporcionadas por un ex-jesuita peruano no identificado escribió *Lettere americane* donde si bien habla brevemente de los aztecas su prioridad fue describir el reino de los incas.

El médico limeño José Manuel Dávalos, mulato rico y de inquieto ingenio, insatisfecho con la doctrina aprendida en su patria se trasladó a Francia y en la Universidad de Montpellier estudió durante varios años, la botánica, la química y la anatomía. En su trabajo doctoral reivindicó las glorias científicas de Lima: Herrera, Peralta, Olavide, Bravo del Castillo, José Baquíjano, etc., ante las calumnias de De Pauw contra la Universidad de San Marcos.

El economista chileno Manuel Salas defendió a su tierra todavía incluso cuando estuvo confinado por los españoles en la isla de Juan Fernández. Francisco Iturri, otro jesuita desterrado, en su obra *Carta crítica sobre la Historia de América del señor don Juan Bautista Muñoz* criticaba las calumnias de De Pauw. El catalán Benito María de Moxó en su obra *Cartas mexicanas* rehabilita el clima y las aptitudes físicas y espirituales de los mexicanos, pero sobre todo los méritos civiles de los españoles, pues ante todo es hispanófilo y enemigo de De Pauw.

En 1806 el ilustre médico peruano Hipólito Unánue, colega y rival de José Manuel Dávalos puso punto final a sus clásicos *Observaciones sobre el clima de Lima y su influencia en los seres organizados, en especial el hombre*. En 1808 el ilustre naturalista neogranadino Francisco José de Caldas, astrónomo y botánico, discípulo y continuador del gran Mutis y compañero en Quito de Humboldt inició en Bogotá la publicación del *Semanario del Nuevo Reino de Granada*. Fray Servando Teresa de Mier fue otro opositor a De Pauw, principalmente contra lo dicho por este de que "la América era un continente efectivamente nuevo" y que "De las lagunas y pantanos cenagosos de que está lleno aún, había saltado una especie de ranas llamadas indios que llegaron a hablar alguna jerga ruda y, por lo tanto, se les debía colocar en una especie media entre los hombres y los monos orangutanes".

No puede pasar desapercibida la acción científica y organizativa de personajes como Pedro Franco Dávila, ecuatoriano que llegó a ser director del Real Gabinete de Historia Natural de Madrid, de José Mariano Mociño, siempre destacado como discípulo y participante de la Real Expedición Botánica a Nueva España, que llegó a la misma dirección del Real Gabinete, teniendo como vicedirector al también mexicano Pablo de La Llave, y a la Presidencia de la Real Academia de Medicina de Madrid, al neogranadino Francisco Antonio Zea, que alcanzó la dirección del Real Jardín Botánico de Madrid y un puesto importante del Ministerio del Interior del gobierno de José I durante la intervención napoleónica en España, junto al marino mexicano José María Lanz, la activa participación de los ilustrados brasileños en la organización científica portuguesa, o el caso de los ilustrados cubanos, encabezados por Francisco de Arango y Parreño y el conde de Mopox, que consiguieron organizar una expedición científica a Cuba (Soto Arango D, 1999).

En Guatemala las ideas ilustradas se difundieron a través de la Sociedad Económica de Amigos del País. Los exponentes más importantes fueron el fraile franciscano Antonio José de Liendo y Goicochea (nacido en Costa Rica), los médicos José de Flores (nacido en Chiapas) y Narciso Esparragosa y Gallardo (nacido en Venezuela), el abogado José del Valle (nacido en Honduras) y funcionarios como Alejandro Ramírez y Jacobo de Villa-Urrutia, Ignacio Beteta, editor de la *Gazeta de Guatemala* y Antonio García Redondo, peninsular, deán del cabildo eclesiástico (Luján Muñoz J, 1998).

Las velocidades del proceso de Ilustración fueron variables según la región e incluso según la generación, pues como ha escrito José Luis Peset (Peset JL, 1991), en muchos casos los científicos criollos ilustrados se mantuvieron fieles a la Monarquía aunque paradójicamente preparaban el terreno al proceso emancipador por el reconocimiento de un espacio propio.

La exposición de los sabios propagandistas y defensores de la ilustración, le ofreció a Alzate la oportunidad para puntualizar su propia convicción humanista. Los ilustrados mexicanos no fueron sólo defensores de la ciencia sino algo más: "Filósofos que destruyen el orden antiguo con las ideas de la modernidad" y que actuaron con la "firme voluntad de levantar la inteligencia novohispana"; por ello "establecen los derechos de la razón, la libertad de pensamiento y, después la imperiosa necesidad de reeducar con la cultura de las luces, de las buenas letras, del buen gusto" (Moreno Montes de Oca,

2000). Para el Maestro Moreno estos pensadores tienen un único objetivo e interés: la creación de la nacionalidad y de la cultura mexicana.

7. José Antonio Félix Alzate y Ramírez de Cantillana

En México los principales representantes, de esa actividad literaria, científica y filosófica, precursores del movimiento que más tarde logró nuestra autonomía política, fueron en el campo de las ciencias: José Ignacio Bartolache, Benito Gamarra y José Antonio Alzate y Ramírez. Ellos lucharon contra el pensamiento imperante en la época, y despertaron interés por lo mexicano en los mismos mexicanos. Estos tres sabios que tenían en común ser descendientes de nacidos en el norte de España dejaron un legado de curiosidad e inquietud, dando a conocer la ciencia que se desarrollaba más allá del mundo hispánico, fueron precursores de la autonomía científica de la Nueva España y promotores de su independencia filosófica. Algunos consideran que la modernidad llega a ser exclusiva sólo en la filosofía natural de Alzate y su círculo (Beuchot M, 1995).

En cuanto a su vida y obra, durante muchos años no se pudo precisar su origen y nacimiento, hasta que su familia se conoció gracias a un documento localizado por Francisco Fernández del Castillo padre (Hernández Luna J, Libro de bautizos de españoles 1735 a 1775), en el Archivo del Colegio de las Vizcaínas, documento que fue dado a conocer en el año de 1927 en el seno de la sociedad que llevó el nombre de José Antonio Alzate (Fernández del Castillo, 1867).

Alzate nació en Ozumba, Estado de México el 20 de noviembre de 1737 y fue bautizado al día siguiente. Estaba emparentado por vía materna con Sor Juana Inés de la Cruz (1651-1695), considerada la primera gran filósofa mexicana (Cohen RS, 1995) en cuarto grado, y fue ascendiente de Pío Baroja, también en cuarto grado (Enciclopedia de México, 1987).

Era hijo de Juan Felipe de Alzate, natural de Irún Iranzú, español de posición desahogada, de la provincia de Guipúzcoa, en las Vascongadas, quien a su vez lo fue de don Juan Alzate y Josefa Garro. La madre de Alzate, de familia criolla, era doña Josefa María Ramírez Cantillana, natural de Tenango e hija a su vez de don Cristóbal Ramírez y de Lugarda Pérez, vecinos de Ozumba. Doña Josefa María había sido dueña de la hacienda de labor que confinaba con el mismo pueblo. Disfrutaba de una respetable fortuna, sin la cual quizás, Alzate no hubiera producido los numerosos y valiosos escritos con que enriqueció nuestra ciencia.

Desde su infancia mostró una decidida inclinación por las ciencias y dedicó toda su actividad a la física, las matemáticas, la astronomía y las ciencias naturales, no sólo en el terreno especulativo, sino también en la aplicación práctica de esas ramas a la industria y la agricultura, dándose a ellos con tanto tesón y constancia que negado a toda concurrencia pública y retirado siempre, sólo fue conocido por sus escritos.

Su educación superior la cursó en el famoso Colegio de San Ildefonso y vivía con su madre en una casa situada aparentemente, en la calle llamada en ese entonces Calle del Amor de Dios. Muy cerca, en la calle de Santa Inés (después la Moneda) habitó su amigo y compañero de aventuras en los campos de la ciencia, José Ignacio Bartolache, quien también fue alumno del Colegio de San Ildefonso. Se graduó de bachiller en Artes, como antes se llamaba a la Filosofía, por la Real y Pontificia Universidad, según constancia que ya fue transcrita previamente por Fernández del Castillo (Fernández del Castillo F, 1957):

"D. Joseph Antonio Alzate y Ramírez recibió el grado de Br. En Artes por examen, aprobación y suficiencia para cualquiera facultad de mano del Lic-do. y Mro. que este firma en doze de Henero de mil setecientos cinquenta y tres. Arguyeron los Dres. que el primer grado y en orden que en él consta. Es natural de Atzompan. Manuel García de Arellano. Ante mí Juan de Imaz Ezquer".

Hernández Luna dice que "seguramente que en el trayecto de sus estudios, Alzate fue descubriendo poco a poco, al lado de la actividad eclesiástica, la realidad de la ciencia, y en contacto de ésta última, fue definiéndose cada vez más su vocación científica. Así se explica que ya una vez logrado el grado de presbítero, no ambicionara sobresalir en la administración eclesiástica solicitando de sus superiores, beneficios y ascensos y antes bien, se alejara cada vez más de estas tentaciones burocráticas, juzgando que el desempeño de puestos lo distraía de sus lecturas y lo alejaba de sus observaciones y trabajos científicos hacia los que sentía inclinarse plenamente su vida" (Hernández Luna J, 1945).

El 30 de abril de 1756 recibió el grado de bachiller en Teología en la Real y Pontificia Universidad. En este año y el siguiente buscó manuscritos del protomédico Francisco Hernández en diversas bibliotecas con la ayuda de fray Juan Agustín de Morfi, Diego José Abad y Francisco Javier Clavijero.

Alzate gustaba más de la ciencia que de la ostentación, y afortunadamente para él y para la historia científica de México, sus padres siempre le apoyaron moral y económicamente, por ejemplo, el 18 de octubre de 1758, su padre Juan Felipe de Alzate gravó sus casas del trato de panadería con 3000 pesos para establecer una capellanía a fin de que su hijo se ordenara y gozara de una renta de 150 pesos.

Tratándose del saber y de la aplicación del conocimiento, Alzate era más ambicioso que vanidoso, como lo muestra su *Proyecto para desaguar la laguna de Tezcoco y por consiguiente las de Chalco y San Cristóbal* que Presentó al Ayuntamiento de México 26 de julio de 1767. En este año, Alzate trabajaba para Lorenzana en el arzobispado de México, siendo presbítero domiciliario, al mismo tiempo que elaboró el *Nuevo mapa geográfico de la América septentrional*, que dedicó al mismo Lorenzana; de dicho mapa sacó copia para el obispo de Puebla, Francisco Fabián y Fuero, y otra que remitió a la Academia de las Ciencias de París. También preparó en ese año el *Atlas eclesiástico del arzobispado de México.* Lo anterior nos hace ver que Alzate fue un científico y polígrafo criollo que se impuso una enorme tarea divulgativa.

El 15 de mayo de 1768 por orden del arzobispo Lorenzana preparó un plano del curato de indios de San José, para plantear ante las autoridades españolas su secularización. También entregó al Ayuntamiento de México el escrito: *Método fácil para mejorar las cañerías que sirven para la distribución de las aguas de que se abastece el público de esta capital de México.*

El 8 de mayo de 1769 el Ayuntamiento de México encomendó a Alzate y a José Ignacio Bartolache efectuar en las casas consistoriales la observación del tránsito de Venus por el disco del sol, trabajo que entregaron el 26 de junio del mismo año. El 9 de noviembre de 1769 Alzate trabajó en el plano de la ciudad de México para la división parroquial.

En 1770 publicó el *Plano de la Nueva España en que señalan los viajes que hizo el capitán Hernán Cortés*, con las cartas de Cortés de la edición de Lorenzana. Además publicó tres folletos: *Eclipse de Luna del doce de diciembre de mil setecientos sesenta y nueve años*; *Descripción del barreno inglés*, y *Observaciones meteorológicas de los últimos nueve meses del año de mil setecientos sesenta y nueve.* En el mes de diciembre de ese mismo año envió a París con M. Pauly, ayudante del astrónomo Chappe, el *Suplemento* del paso de Venus, sus observaciones de los satélites de Júpiter, el *Paso de Mercurio*, una carta sobre la historia natural de los alrededores de México, algunas muestras naturales, el *Eclipse de Luna*, las *Observaciones meteorológicas* y el número 6 de *Diario literario*.

El 9 de marzo de 1771 el científico Duhamel de Monceau propuso su nombramiento a la Academia de las Ciencias de París, que en pleno votó a favor para otorgarle el título de socio correspondiente, extendiéndole sus cartas como miembro de la Academia el 18 de abril del mismo año (Bret P, 2001),[1] siendo el séptimo latinoamericano en ser aceptado después de Pedro de Peralta Barnuevo Rocha y Benavides (¿Perú?-Lima 1744), Pedro Vicente Maldonado (Ecuador 1704-Londes 1748), Don Lorenzo Álvarez Roxo de Potflitz (¿?-¿?), Don Miguel de Sant-Isteban Álvarez de Vera (¿?-¿?), Jean Magnin (Suiza 1701-Quito 1764) y Don Joseph Maldonado y Soto Mayor (¿?-¿?), pero el único sabio de todo el imperio español en pertenecer a tres sociedades científicas europeas de alto prestigio, la Academia de Ciencias de París (Figura 1), el Jardín Botánico de Madrid y la Sociedad Vasca.

Figura 1. Fachada del Edificio del Instituto de Francia[2]

[1] Esta categoría de socio correspondiente se le mantuvo durante 15 años, retirándosele pues de manera aún poco esclarecida después de su nombramiento la Academia de Ciencias de París ya no recibió más aportaciones de Alzate. Se piensa, aunque es poco probable, que no recibió la constancia de su aceptación.

[2] Foto tomada por el autor de este ensayo. En dichas instalaciones se verificó el nombramiento de Antonio Alzate a propuesta de Duhamel.

El 3 de marzo de 1772 se publicó en edicto de Lorenzana el plan para la división y asignación de todas las parroquias de la ciudad de México, preparado por Alzate, además él mismo reformó su *Mapa del arzobispado de México*, elaboró un *Plano de las provincias de Ostimuri, Sinaloa, Sonora y demás circunvecinas y parte de California*, el 26 de octubre de 1772 publicó su primer número de los *Asuntos varios sobre ciencias y artes* y a nivel internacional se publicó el *Voyage en Californie* de Chape D'Auteroche, donde aparece un extracto de la carta que envió a la Academia de las Ciencias sobre la historia natural, y sus observaciones del paso de Venus y los satélites de Júpiter.

En 1773 ingresó como individuo de la Real Sociedad Vascongada de Amigos del País, mientras que en 1775 preparó el *Plano geográfico de la mayor parte de la América septentrional* y propuso al gobierno un modelo de molino de viento reformado para desaguar las minas.

En 1776 preparó el *Plano geográfico de las inmediaciones de la imperial México*. En abril de 1777 entregó a Bucareli la *Memoria sobre la naturaleza y cultivo de la grana* y en junio de ese año, también a petición de Bucareli rindió un informe sobre las minas de azogue de la Nueva España. Posteriormente en agosto también de 1777 descubrió cal en los terrenos del Peñol y pidió se le concediera permiso para su explotación pero el arrendador de los terrenos los explotó por su cuenta.

El 5 de marzo de 1788 murió su madre quien le dejó una buena herencia. En 1789 redactó las notas a la *Historia antigua de México* de Clavijero y preparó el Plano de Tenochtitlán. Más tarde, el 26 de junio de 1790 Revillagigedo envía una carta al rey recomendando a Alzate y pidiendo se le nombrara cronista de la Nueva España pero la petición fue denegada por dictamen de Antonio de Alcedo, y del duque de Almodóvar.

En 1791 inició correspondencia con Revillagigedo sobre el censo de la ciudad de México e hizo una "Descripción de las Antigüedades de Xochicalco". En 1798 firmó una traducción de una bula papal en su carácter de traductor de letras apostólicas del arzobispado de México. Murió en la ciudad de México el 2 de febrero de 1799 y fue enterrado en la iglesia de la Merced.

Nuestro prohombre gastó gran parte de su considerable patrimonio en hacerse de los mejores autores de física y en acopiar instrumentos con los que inició su ininterrumpida serie de experimentos. Pudo haber abandonado este plan de vida en vista de los amargos frutos que le producía, pero se había hecho su pasión dominante y si veía que se frustraba una tentativa, emprendía otra de la misma o distinta clase.

Comparte con José Ignacio Bartolache, fundador del *Mercurio Volante*, la gloria de ser quien inició en nuestro continente, el periodismo científico. Además de sus publicaciones periódicas también escribió papeles sueltos dignos de mención como los "Consejos útiles para socorrer la necesidad en tiempos que escasean los comestibles". También se oponía a la desecación de las lagunas de la ciudad de México y el tiempo le ha dado la razón.

Su afición a la medicina le llevó a escribir acerca de numerosos temas relacionados con esta área del conocimiento como: Preservativo contra la peste, 1784; sobre un específico para limpiar la dentadura y evitar el escorbuto, 1787; propiedades medicinales del Tlalpopotle 1784; observaciones sobre la cura del gálico, 1790; memoria acerca de la yerba del pollo (*Commelina pallida* Wild) 1790; sobre la raíz de Xalapa (*Ipomea purga*), 1790; sobre los usos medicinales de la cebadilla, 1790 y 1792; sobre las propiedades de la hierba del carbonero; sobre las propiedades medicinales del *coxticihuitl*, 1790; remedio contra el vómito prieto (fiebre amarilla), 1795 y verdaderas monografías acerca del chayote (*Sequium edules*, Sw); el árbol del Perú, llamado también Pirú, (*Schinum molle*, Lin) y muchos otros (León N, 1895).

Alzate hacía la síntesis de lo que escribían autores franceses, italianos y alemanes y conoció lo que hacían los angloamericanos. Admiraba a Benjamín Franklin y reprodujo en sus gacetas varios artículos de este hombre tan famoso. Tuvo el mérito de iniciar el mutuo conocimiento entre los hombres de ciencia de los países de América.

Moreno Montes de Oca (Moreno Montes de Oca R, 1952) y Bernabé Navarro (Navarro B, 1952) han hecho interesantes estudios acerca del sentido filosófico y político de Alzate que deben ser conocidos aunque una dificultad para escribir acerca de lo producido por Alzate radica en la inmensidad de su obra, no sólo en cantidad sino también en calidad, lo que hace que un solo hombre enfrente un gran reto y grandes dificultades para hacer un escrito que le haga justicia a este sabio mexicano. Existen distintos trabajos, artículos y ensayos sueltos de Alzate que se hallan recogidos en múltiples revistas y libros, en una larga secuencia que va desde su muerte en 1799 a nuestros días. Roberto Moreno de los Arcos hizo la labor de localizar documentos inéditos que se encontraban en archivos de México, España, Estados Unidos, Francia e Inglaterra (Moreno de los Arcos R, 1987).

También fue precursor de la bioquímica (Castañeda López G, 2002), afirmando que "sólo la química enseña a distinguir en virtud del análisis de la naturaleza de los cuerpos". Sin embargo, junto con Bartolache, su química era la antigua. Alzate en uno de sus escritos no sólo tocó la virtud del flogisto, sino que se refirió a la grasa en el sentido paracelsiano de elemento imaginario (Izquierdo JJ, 1958).

Formó una vasta biblioteca, reunió colecciones de historia natural y objetos arqueológicos, y montó un gabinete de observaciones físicas y astronómicas, que para su época era muy completo y moderno. Alzate no se conformaba con escribir en su pupitre; a manejar en su gabinete sus barómetros, termómetros y telescopios; durante el tiempo que le dejaban las misas de la Capellanía fundada por su madre hacía exploraciones en campos agrícolas y en zonas arqueológicas, como la de Xochicalco, cuyas ruinas estudió y describió minuciosamente. Realizó una ascensión al Iztaccíhuatl para hacer observaciones científicas. Sufrió muchos contratiempos y tuvo no pocos adversarios. Su pensamiento filosófico y científico avanzado y su inclinación a la sátira lo mantuvieron en constante polémica y le crearon enemigos. Sus experimentos sobre electricidad y sus intentos de construir un pararrayos dañaron su salud y pusieron en peligro su vida y desafortunadamente un incendio destruyó su observatorio astronómico y buena parte de sus instrumentos científicos y de sus escritos.

Para divulgar las novedades científicas y dar a conocer sus propios trabajos, así como polemizar con sus adversarios, Alzate editó el *Diario Literario de México* (marzo 1768-1772) y luego *las Observaciones sobre la Física, Historia Natural y Artes Utiles*, llamadas después *Gazetas de literatura*, que aparecieron de 1788 a 1795.

De sus obras impresas y sus manuscritos conocidos, cabe mencionar, como muestra de la diversidad de asuntos que trató: *Observaciones meteorológicas* (1769), *Disertación astronómica sobre el eclipse de luna observado en México el 12 de diciembre de 1769* (1770), *Método de sembrar, trasplantar, podar y sacar fruto de las morenas para la cría de gusanos de seda* (1793), *Memorias sobre el insecto grana o cochinilla, con estampas* (1777), *Carta geográfica de la Nueva España* estampada en París, y publicada allí de orden de la Academia de Ciencias, *Dictamen al superior gobierno de México sobre la construcción del nuevo molino de pólvora* (manuscritos de 1778), *Ensayo sobre la siembra y cultivo del lino y del cáñamo en la Nueva España* (escrito de 1778), y *Memoria... sobre el uso del álcali volátil para desvanecer el gas mefítico en las minas* (manuscrito de 1777). De todo lo que escribió Alzate, lo más conocido y lo que quizás tenga mayor vigencia son las 236 notas sobre la *Historia antigua de México* de Francisco Javier Clavijero.

El Diario literario de México, aparecido el 12 de marzo de 1768 es una obra de gran importancia dentro de la producción alzatiana. Coincide, con poca diferencia, con los primeros trabajos del polígrafo de que tenemos noticia (1767) y representa su aparición formal al público a los 30 años de edad. Es el *Diario literario* el primer periódico de corte ilustrado que apareció en la Nueva España y en toda la América hispánica y seguramente el impulsor de la emulación en los periodistas que lo sucedieron. Solamente duró tres meses del año 1768.

Diario literario de México: 1768

Alzate escribió

"...La utilidad de los diarios por sí misma se manifiesta; así por el aprecio que de ella hacen las naciones sabias; como también porque en todos los reinos en que florece la literatura permanecen, aunque hayan tenido algunos contratiempos...

Habiendo expuesto a vuestra merced los principales diarios de Europa, me parece que no me culpará de arrojado, cuando esto lo hago por el bien general de la nación española...Estimo muy deveras a todas las personas beneméritas que por sus estudios y trabajo procuran servir al público."

El *Diario* fue impreso en la meritoria Imprenta de la Biblioteca Mexicana. Poco sabemos de su gestación y corto desarrollo, pero sí constan las razones de su desaparición. Fue suprimido por orden del virrey marqués de Croix "por justos motivos" (González Casanova P, 1948). El decreto del virrey es del 15 de mayo de 1768 y dice así:

"No conviniendo por justos motivos, que se continúe el Diario literario que con previa licencia de mi superior gobierno ha dado al público Dn. José Antonio Alzate y Ramírez: hágasele saber (recogiéndose la misma) y a los impresores y vendedores de esta obra la prohibición que declaro de que no puede imprimirse ni venderse, singularmente el de diez del corriente, que contiene proposiciones ofensivas y poco decorosas a la ley y a la nación, cuyos ejemplares existentes se entregarán a la secretaría del virreinato, con las diligencias hechas a continuación de este decreto".

Marqués de Croix

Consta la notificación que sigue:

En la ciudad de México a diez y seis de mayo de mil setecientos sesenta y ocho años, yo el escribano, presente el Br. Dn. José Antonio Alzate y Ramírez, presbítero de este arzobispado, en su persona que conozco, de ruego y encargo le hice saber el superior decreto de la foja antecedente y entendido: dijo lo oye y que la licencia que tenía del superior gobierno se hallaba en poder del impresor Dn. Javier de Torices, quien le expresó al que responde haberla exhibido en virtud de orden del Sr. Provisor de este arzobispado, por cuya razón no la entrega como se previene en dicho superior decreto y esto respondió y firmó doy fe.

Con relación a los ocho números del *Diario*, se confiesa que se hace a imitación de los periódicos europeos y se tiene amplia confianza en las capacidades de los criollos. Se menciona algo acerca de los plagios. Los temas que trató son los que le ocuparon toda su vida: agricultura pues "necesita muchas mejoras" y comercio, minería sometida a una "práctica ciega", geografía, de América "tan ignorada" astronomía, historia natural "por su particularidad", y "por no haber hecho mención los autores los autores que han escrito de la América" y, aclarando no ser médico, medicina.

Las reglas a que dice habrá de apegarse son dignas de atención: imparcialidad sobre los literatos; crítica benigna, pero extrema severidad con los detractores; aceptación de sugerencias y observaciones; honradez intelectual en la exactitud de las traducciones y en manifestar los autores de memorias ajenas y, por último, desprecio absoluto a los envidiosos.

El segundo número ofrece el primero de los extractos de obras de otros autores. Se trata de las Cuestiones teológico-físicas presentadas en Querétaro por el franciscano fray José de Soria. Este número es de gran utilidad por revelar en las notas de Alzate la vastedad de sus conocimientos en los inicios de su carrera, citando autores como Huygens, Buffon, Duhamel, Fontanelle, Cassini y otros.

El tercer número se dedica a la traducción de una obra francesa sobre las Sagradas Escrituras. En sí los números 2 y 3 eran relativos a cuestiones teológicas y expresan la problemática particular de la ilustración americana de la conciliación entre la ciencia moderna y la religión.

El cuarto número habla de una breve e imprecisa descripción de Sonora y de una carta de un anónimo que criticaba a la astrología.

El quinto número trata de la máquina de vapor (la primera que se dio de este ingenio en América), y obre las ventajas de su empleo para el desagüe de las minas.

El número 6 trata del terremoto que sacudió la ciudad de México el día 4 de abril de 1768. Da un análisis acerca de los terremotos.

El séptimo número contiene tres textos. Uno en relación al cacao, el segundo acerca de un método para probar la bondad de los relojes de bolsa y el tercero para refutar a quienes dijeron que hubo personas que pronosticaron el terremoto de 1768.

El octavo y último contiene la carta anónima sobre el teatro, su reforma en Europa y su utilidad en la Nueva España, lo que provocó la ira del marqués de Croix.

Cuatro años contuvo Alzate su vocación de periodista, pero en 1772 volvió a aparecer en público, ahora con los *Asuntos varios sobre ciencias y artes*, que se publicó casi simultáneamente con el menos célebre *Mercurio volante con noticias importantes y curiosas sobre física y medicina* del doctor José Ignacio Bartolache. Los *Asuntos* no tuvieron mucha más larga vida: llenaron los últimos meses del año de 1772 y se publicó un número en enero de 1773. Después de este segundo fracaso, Alzate esperó catorce años para volver a su intento. En el ínterin solamente otro distinguido ilustrado criollo acometió empresa similar: Diego de Guadalajara Tello publicó unos curiosísimos periódicos especializados sobre los relojes en 1777. La reaparición de Alzate fue con las *Observaciones sobre la física, historia natural y artes útiles*, su tercer periódico y quinto de los de carácter ilustrado en México, que alcanzó catorce números durante el año de 1787 y parte del de 1788. Precede inmediatamente a la *Gaceta de literatura* de México (1788-1795) que fue el periódico de mayor envergadura de Alzate.

La razón de la inmediatez de estos dos periódicos fue simplemente que por la muerte del padre de Alzate, heredó el polígrafo recursos suficientes que le permitieron cambiar de imprenta por otra mejor y poder financiar la empresa por varios años. Entre estos periódicos, o simultáneamente con ellos, Alzate escribió una enorme cantidad de trabajos.

Bartolache como Alzate, se propuso escribir para el vulgo y no para los especialistas. Esto contribuiría a superar, según pensaban estos autores, el atraso cultural que se vivía en la Nueva España (Águila, 1988).

Asuntos varios sobre ciencias y artes: 1772-1773 (13 números).

Alzate escribió como razón de publicar esta obra: "En las repetidas ocasiones que se me ha presentado la idea de introducir una obra periódica de literatura, muy necesaria en la Nueva España, me hallaba abismado entre diversidad de pensamientos. Si por una parte conocía la profunda erudición y vastos conocimientos que son necesarios para ejecutarla. Por otra conocía también mi insuficiencia; pero al mismo tiempo experimentaba unos vivos deseos de ser útil a la patria, porque conocía que no sólo nacimos para nosotros, mas también para nuestros semejantes. Me preguntaba: ¿es posible que en un reino tan abundante en sabios; en un país en que la naturaleza se ha mostrado tan pródiga en sus producciones, se carezca de escritos periódicos?

Las producciones son la viva imagen que exprimen bellamente el genio del que las produce. Si el público no gustare de lo que se presentare a su vista, me consolaré con que poseo más voluntad que proporción en servirle; si fuere de su agrado, lograré el colmo de mis felicidades, viendo mis esperanzas en más de lo que pensaba."

Fue el segundo periódico de Alzate y alcanzó trece números. Se publicó en la Imprenta de la Biblioteca Mexicana a cargo entonces de don José de Jáuregui. También fue cerrado por orden del gobierno.

El primer número contiene la dedicatoria al Rey y Alzate mencionaba que "pero al mismo tiempo experimentaba unos vivos deseos de ser útil a la patria, porque conocía que no sólo nacimos para nosotros, mas también para nuestros semejantes". Se expresa lleno de optimismo y recalcando cómo habían cambiado la teología, la oratoria sagrada, los cánones, la filosofía, la lógica, la física, la metafísica, la medicina, las matemáticas, la historia, el teatro y la educación de la juventud.

El segundo número propone al público una máquina para deshuesar el algodón.

El tercer número habla acerca del cáñamo.

El número 4 se ocupa de un tema de capital importancia para su tiempo: el de mantener los granos libres de gorgojo.

En el quinto número publica un artículo de autor anónimo acerca del cultivo del añil.

El sexto número se dedica a la minería y es un texto sobre la tecnología aplicable a la renovación del aire en el interior de las minas. Termina el número con un suplemento para incitar a poner ventiladores en los hospitales para sacar aire corrompido.

Todo el séptimo número se ocupa de la geografía de la Nueva España.

Una "Memoria sobre el modo mecánico con que obran los baños", firmada por M. Monroe, ocupa la mayor parte del octavo número. En el pequeño espacio que quedaba de éste número, Alzate metió un texto suyo sobre astronomía.

El número 9 constituye un suplemento al número 2. A pedimento del secretario del virreinato, Melchor de Peramas, mandó Alzate hacer un grabado de la máquina para deshuesar el algodón.

El décimo número es una traducción de un texto extractado que proviene del "célebre anticuario" Morin y que se ocupa de estudiar históricamente la costumbre de besarse las manos. Presenta un texto donde analiza al teatro de su tiempo y termina el número con diversas recetas para dar color verde al oro, que confiesa tomar de los *Avisos económicos* de Alemania, traducidos al francés.

Todo el número 11 está dedicado a refutar las críticas que se hicieron a los anteriores.

El duodécimo número es un breve suplemento de cuatro páginas, que contiene dos textos, el primero que da la noticia de la presencia de *matlalzáhuatl* (tifo exantemático), tratando de exhortar a los médicos que trataron la epidemia con anterioridad, le remitieran una memoria sobre su curación. El segundo texto es una receta a base de vinagre para evitar el contagio aspirando una esponja o su equivalente embebida en el líquido.

El decimotercero y último número tiene dos partes. La primera es un cuento sobre niños que sobrevivían en bosques en estado salvaje. La segunda es un texto sobre la utilidad de las observaciones meteorológicas.

Observaciones sobre la física, historia natural y artes útiles (1787-1788)

Tradujo como prólogo un escrito de Fontenele al tiempo que se reformó la Academia de las Ciencias (1699) y que decía en un párrafo: "Desde luego se menosprecia como inútil aquello que se ignora, lo que es una especie de venganza, y como la física y matemática son por lo general desconocidas, por lo general se reputan por inútiles. El origen de esta desgracia es manifiesto, porque estas ciencias son espinosas, agrestes y difíciles"

Pasó un lapso de casi quince años para el tercer periódico de Alzate, cuando ya tenía cincuenta años, llenos de experiencias, más amargas que gratas. Las

Observaciones fueron anunciadas con antelación en la *Gaceta de México* del 13 de febrero de 1787: "La falta de un papel periódico priva a Nueva España de aquellos grandes descubrimientos que en Europa se han verificado respecto a la agricultura, medicina y artes útiles, por lo que se intenta imprimir por don José de Alzate obra conducente a expresado fin". Previamente a éste tercer periódico, desde 1784 estuvo escribiendo para la *Gaceta de México* que editaba Manuel Antonio Valdés. Se expresaba con más cuidado, sin dejar revelar un dejo de agriedad en su carácter. Las *Observaciones sobre la física* constituyen un ensayo de su periódico mayor, la *Gazeta de literatura*, que inició al año siguiente. Incluye muchos textos breves y pocos artículos de cierta extensión. El periódico inició su circulación con retraso y con irregularidad.

El primer número lo inició con un epígrafe de Séneca, como prólogo tradujo un discurso de Fontanelle acerca de la utilidad de las ciencias. Puso una nota acerca de la longitud y latitud de México gracias a sus observaciones sobre los satélites de Júpiter y dos notas mencionando a Fontanelle.

El segundo número tiene tres textos, el primero sobre los intentos contemporáneos para reformar la tecnología minera, el segundo traduce un invento francés, la "máquina de equitación", y el tercer artículo da las respuestas a las preguntas útiles que publicó en la *Gaceta de México* sobre el mejor sistema para iluminar las ciudades.

La primera parte del tercer número contiene respuestas del anterior y el resto se dedica a temas de agricultura.

En el cuarto número se ocupa nuevamente de la conducción de agua potable. Ya lo había hecho en 1768 al proponer, en una memoria dirigida al Cabildo, que se construyeran caños de madera. En otro artículo habla de la farmacéutica, en un intento de reformarla debido a la gran cantidad de medicamentos extravagantes.

El quinto número se ocupa del tema del color de los negros, refutando primero que blancos y negros tuvieran distinto origen.

En el sexto número se refiere a las abejas, comunica sus observaciones sobre cierto cúmulo de arañas, propone a los agricultores usar marga (cenicilla) para enriquecer sus terrenos, y termina con una reflexión sobre la necesidad de explotar la torba (turba) y no solamente la plata, además de advertir contra la destrucción de los bosques.

En el número siete de las *Observaciones*, propone a la yerba *tlanchinoli* para la curación de las bubas, propone bebidas para evitar las fiebres de primavera, diserta sobre la tinta para escribir, después habla de las cucarachas y refiere dos métodos para exterminarlas, y por último hay una nota para pulir el acero que no fue de su autoría.

En el octavo número plantea un tema que había tratado veinte años atrás, el Proyecto para desaguar la laguna de Texcoco y por consiguiente las de Chalco y San Cristóbal, según las circunstancias asequible y, por el poco costo, apreciable. El segundo artículo es sobre medicina botánica y comunica los éxitos de la aplicación del *chantli* para curar la disentería.

En el noveno número advierte sobre lo peligroso den usar vasijas de cobre para preparar alimentos.

En el décimo número publica la égloga VIII de Virgilio traducida por el jesuita Diego José Abad.

En los números 11 al 13 hace una crítica del *Tratado sobre el laborío de las minas* de Monnet, publicada en 1773.

El último número, sin fecha, contiene un texto reproducido de un impreso español.

Alzate empleó su patrimonio en la ciencia y vivía modestamente. Murió en la Ciudad de México el 12 de febrero de 1799. Después de su muerte, en la *Gazeta de México* se escribió un último párrafo que decía: "Procuremos hacer vivir su memoria... sirvió al Orbe literario como buen filósofo; trabajó por ser útil a la Patria como buen patricio, y observó siempre una conducta arreglada como buen sacerdote".

En vida recibió en vida honores y distinciones de las autoridades virreinales y de corporaciones extranjeras, entre las cuales estuvo la designación como miembro correspondiente de la Academia de Ciencias de París, institución que tradujo y publicó algunos de sus escritos. La ciencia ha preservado su nombre en la planta bautizada como *Alzatea* y en el insecto *Atax Alzatei.* Un homenaje permanente a su memoria fue la fundación, en 1884, de la Sociedad Científica Antonio Alzate, convertida en 1935 en la Academia Nacional de Ciencias de México.

La Universidad Nacional Autónoma de México publicó, en 1964, un ensayo de Bernabé Navarro sobre las ideas de Alzate, denominado "*La cima de la ilustración: Alzate*", en Cultura mexicana moderna en el siglo XVIII. Existe una edición de sus obras, publicada en 1831 bajo el título de *Gacetas de literatura de México* (Buen Abad M, 1831) con una reedición por la Secretaría de Fomento en los años 1893-1898 (Secretaría de Fomento, 1893-1897). La segunda suprime las láminas de los periódicos y otros grabados sueltos que recogió la primera (Moreno de los Arcos R, 1980).

Con justa razón el tomo 21 de las Memorias de la Sociedad Científica Antonio Alzate contiene un elogio del hombre de ciencia, escrito por Agustín Aragón pues Alzate es, y por amplio margen, el mejor de los ilustrados mexicanos. Su razón de existir se cifró en su erudición, combatividad y trabajo, pero, sobre todo, en su honradez y afán de servicio a sus compatriotas. Su mérito sólo puede aquilatarse tomando en cuenta los años que le precedieron y los que México vivió después de su muerte.

Después de la muerte de Alzate siguieron las difamaciones y a su vez las defensas de América, llegando así la época de la independencia y la evolución en distinta manera de las naciones que conformaban las colonias españolas.

Alzate se caracterizó por la actitud racionalista, por la evidencia de los métodos científicos, por la idea de difusión, por el carácter enciclopédico de los temas que abordó. En su concepción de la ciencia, el dominio sobre la naturaleza se comprendía como el camino para alcanzar la felicidad de la sociedad a través de la utilización de los conocimientos científicos, en especial de las disciplinas naturales. Él no buscaba reflexionar sobre el proceso de construcción del saber científico, pero sí proponer una comprensión sobre la realidad mexicana bajo la perspectiva de los nuevos conocimientos. El interés científico estaba presente pero sometido al deseo de mostrar los recursos de las tierras mexicanas y de buscar los medios adecuados para aprovecharlos. Su vocación científica era comprendida como una misión, la de llevar a verdadera ciencia a todos para que la desarrollaran en su beneficio. El conocimiento útil era el realmente verdadero puesto que la noción de utilidad era la que definía a la ciencia en la visión alzatiana. Entendía por ciencia útil el conjunto de materias que solucionaban o que encaminaban soluciones para los problemas económicos, sociales, políticos, y todas las ramas del saber que abordó lo hizo como conocimientos científicos capaces de atacar los problemas de la pobreza, enfermedades, etc. (Fróes da Fonseca MR, 1999). A la máxima de de Pauw sobre la incapacidad intelectual de los novohispanos Alzate escribió: "pero si vuestra merced no tuviese lagañas, (...) vería que México es una de las ciudades principales del orbe (...) ¿Ha visto vuestra merced que alguna cátedra permanezca vacante en la Real Universidad y colegios de enseñanza por falta de sujetos? (...) ¿Pero pasaré en silencio que se hallan muchos aplicados a las matemáticas, a la física experimental, etcétera, etcétera?" (Alzate JA, 1789).

A partir de estos antecedentes y contando con un público cada vez mayor, el periodismo científico y técnico se desarrolló rápidamente en las principales ciudades del continente, a la vez que fue mejorando sus métodos de divulgación y ampliando su cobertura. Aún las gacetas y otras publicaciones periódicas de carácter general que ya se imprimían con anterioridad, o que surgieron en esta época, empezaron a incorporar noticias y escritos científicos y técnicos. Por otra parte, un hecho muy importante fue que al esfuerzo sólo individual de los pioneros se agregó el de las asociaciones creadas por los ilustrados, con la participación de otros sectores, para mantener varias publicaciones científicas.

En la *Gazeta de México* (Gazeta de México, 1799) apareció un elogio comunicando su muerte que decía:

"Nació este benemérito americano en el pueblo de Ozumba de la provincia de Chalco, de padres igualmente nobles que virtuosos, numerándose rama del fecundo tronco que produjo a nuestra celebrada Sor Juana Inés de la Cruz, Fénix aclamada en su siglo por su sobresaliente nomen poético y vasta literatura, de quien fue sobrino nieto nuestro Alzate".

El primer número de la *Gazeta de Literatura* vio a luz el 15 de enero de 1788. En 1831, Manuel Buen Abad reeditó en Puebla, México, las *Gacetas de Literatura de México* en cuatro volúmenes.

En la última parte del siglo XIX un entusiasta grupo de estudiantes de ciencias retomaron su nombre para publicar las *Memorias y Revista Sociedad Científica "Antonio Alzate"*.

8. Consecuencias y utilidad para nuestra actualidad

Las relaciones entre ciencia, tecnología, historia y cultura son complejas, por ejemplo, desde mediados del siglo XVIII muchos de los documentos virreinales hablan de la necesidad de limpiar la Ciudad de México. De hecho, Alzate propuso en enero de 1794: "El método que me parece más sencillo para extraer las vazuras con el menos costo posible... substituyanse a los carros los Zerones que para otros usos y con reconocida utilidad, se ven practicados en esta Nueva España... En las Haziendas se acostumbra el uso de Zerones para conducir Estiércol de Cavallerizas, y corrales a sitios en que se juzgaba necesario para beneficiar la Tierra... ". (AHCM –Archivo Histórico de la Ciudad de México).

En otro momento Alzate opinó lo siguiente:

"¿Sería ventajoso o perjudicial desecar el Valle de México? Este es un problema que se asienta comúnmente por la afirmativa [...] Yo siempre estaré por la negativa, y me excusaré con demostraciones invencibles. Supóngase que se desecó el Valle de México sea por el conducto que se quiera: ¿qué se experimentaría? Lo primero, la ruina de los edificios: estos se hallan establecidos en un sitio terráqueo, o compuesto de agua y tierra: desecado ¿no era preciso que en virtud de los edificios se arruinasen luego que el terreno se secase?" (Citado por: González AL, 1960).

La ciencia ha llegado a la preponderancia cultural de que goza en el mundo actual gracias a la institucionalización a partir de los siglos XVII y XVIII con la fundación de sociedades científicas e instituciones educativas. La vida política de los siglos XVII y XVIII buscó la nueva ciencia no sólo por necesidad de prestigio o de comodidad, sino también de eficacia y de análisis de un mundo que estaba cambiando (Ordóñez J, 2001).

La visión mecanicista ilustrada influyó para proponer las reformas borbónicas que contribuyeron a transformar el espacio citadino. Por ejemplo, en la última década del siglo XVIII se inició el reordenamiento de la limpia en la ciudad y se sabe que durante el gobierno del segundo conde de Revillagigedo se echaron a andar diversos proyectos que impactaron la capital novohispana: alumbrado, reubicación de plazas y mercados, empedrado, alineamiento de calles, drenaje, etc. (Dávalos M, 1997; p. 8).

El decadente sistema escolástico producía hombres de estupenda memoria que deslumbraban con citas clásicas y alusiones a los mitos. Era esto lo que se consideraba el modelo perfecto de intelectual. Como el conocimiento se basaba en el principio de autoridad, bastaba con cultivar la memoria, y el ejercicio de la inteligencia no era necesario. Esta disciplina decadente no sólo inmovilizaba la inteligencia sino que también paralizaba las artes. El cultivo de las ciencias sólo fue posible hasta que un grupo de mexicanos inteligentes se emanciparon del dogmatismo escolástico (Ramos S, 1993).

El valor histórico de este gran movimiento intelectual radica en que la ciencia fue prontamente asimilada y pudo estructurarse en una nueva concepción de la vida que los mexicanos aplicaron a comprender la apremiante realidad política y social. En este movimiento intelectual se encuentran las premisas que por una consecuencia lógica condujeron a la idea de la independencia.

Las reformas borbónicas se inscriben en el mundo de la Ilustración. La construcción de ciudades modernas, circulacionistas, forma parte de la discusión ilustrada. Los grandes centros urbanos de entonces se regían por el pensamiento de la libre circulación. Con los higienistas se cristalizó el proyecto borbónico; pero fue durante el Porfiriato, es decir cien años después de la proclamación de los Bandos, cuando el proyecto ilustrado de la limpieza se asimiló y llevó a cabo; fue hasta entonces cuando los desechos urbanos lograron ponerse apenas en movimiento. (Dávalos M, 1997; p. 15).

El estructuralismo logró demostrar que existen patrones regulares de comportamiento en las sociedades humanas, pero no eliminó el carácter de impredictibilidad que mantienen los fenómenos humanos (Ordóñez J, 2001). Gabino Barreda siguió los preceptos del francés Augusto Comte, considerando que el fin de la ciencia no es el saber puro sino la previsión, para servir a los problemas del destino humano. Barreda apunta con perspicacia las relaciones de la ciencia la política. "Tan imposible es hoy, que la política marche sin apoyarse en la ciencia como que la ciencia deje de comprender en su dominio a la política."

Justo Sierra escribió: "Dudemos; convengamos con el gran creyente, cuyas enseñanzas, cuyos actos más bien, estaban llamados a trascender a todo el porvenir del intelecto mexicano, en que lo rigurosamente lógico sería esa fraternidad bajo la tienda de la ciencia en que todos caben como bajo la tienda de Isaías; lo indiscutible forma una religión de verdad que no puede tener herejes. ¡La ciencia, eso es lo indiscutible!". Este gran maestro y humanista tenía una gran fe en México y para él la historia fue un medio para encender en los mexicanos el culto a la patria.

Vasconcelos opinaba que cada raza que se levanta debe construir su propia filosofía pero que los mexicanos nos hemos educado bajo la influencia humillante de la filosofía de nuestros enemigos que exalta sus propios fines anulando los nuestros. Decía que no lograremos nuestra plena autonomía si no nos independizamos intelectualmente de quienes nos dominan. "Comencemos entonces haciendo vida propia y ciencia propia. Si no se liberta primero el espíritu jamás lograremos redimir la materia."

Actualmente en México continúan básicamente los mismos problemas que ya se discutían en el siglo XVIII, la contaminación, la necesidad de modernizar los procesos productivos, la inseguridad, etc. A todo esto se debe enfrentar una nación con un sistema educativo muy limitado que ha formado hombres y mujeres con promedio educativo de primaria inconcluso. Es decir, pese a la existencia de personas con muy alta preparación, las probabilidades de que los puestos de elección popular sean ocupados por individuos con escasa formación son mucho mayores y los pocos de alto nivel no pueden revertir las costumbres de práctica de poder tan arraigadas en México.

Parece que la educación en México sigue como antes de la Ilustración, con sistemas que premian la repetición de lo escrito y de los conocimientos que se generan en las naciones desarrolladas. No existe un proceso de enseñanza que premie la innovación, la búsqueda de conocimiento, el razonamiento, incluso en las ramas de mayor exigencia como medicina, la base es repetir y aceptar como dogma lo que transmiten países desarrollados. Está claro que es necesario un resurgimiento de ese sentimiento patrio y de orgullo que alguna vez tuvieron criollos distinguidos como Alzate, discutir pero aportar ideas y proyectos, conocer la nación mexicana para defenderla y retomar el curso del desarrollo, sacarla de los grupos de poder que constituyen un obstáculo al progreso. Es necesario que sean los mismos mexicanos y no extranjeros, quienes impongan un nuevo ritmo de vida en México, basado en la ciencia como motor principal.

La actitud de los sabios mexicanos del XVIII es un ejemplo que aún hoy día debe ser imitado. La ciencia mexicana debe buscar su tradición en estos heroicos investigadores, pioneros de nuestra cultura científica, pues ellos han dado desde el principio la orientación justa para el cultivo de las ciencias. Se dedicaron seriamente, con religioso fervor, a los trabajos de la ciencia, que no fue en sus manos un pasatiempo libresco o una imitación vana de Europa, sino un instrumento precioso que ellos aplicaron al conocimiento y exaltación de la realidad mexicana (Ramos S, 1993).

La misión de Alzate en México es semejante a la que realizó en España el padre Feijoo. La personalidad de Alzate no es sólo la de un sabio de gabinete, sino la de un hombre de grandes virtudes cívicas que se interesa por servir a su país, denunciando los vicios de su cultura y señalando la dirección que debe seguir para renovarse y mejorar.

Si ahora en nuestros días resulta difícil editar y mantener una revista científica, en la época de Alzate lo era mucho más, una labor solitaria de prohombres mexicanos. Tal parece que la remembranza de la época alzatiana sin apoyos gubernamentales ni interés de la sociedad por apoyar revistas científicas (Melvilla Ker A, 1931)[3] no ha sido de enseñanza a los dirigentes actuales para apoyar con decisión una política sólida en ciencia y conocimiento en general. Ya lo expresaba Annita Ker que se asombraba que ante la costumbre de cambiar los nombres de las instituciones de toda índole así como de las revistas, aún prevaleciera el nombre de México (Melvilla Ker A, 1931).

La obra del alemán Humboldt, *Ensayo político sobre la Nueva España* es una sistematización de los datos para lograr un conocimiento de México en una síntesis general. Su visión de México es la de un europeo, pero es de justicia hacer notar que en esa magna obra colaboraron secretamente los sabios mexicanos del siglo XVIII.

México carece de la tradición académica de registro de su riqueza cultural y de planificación a largo plazo de un proyecto que fomente y resguarde la creación artística y científica en todas sus manifestaciones. Como he escrito, el profesor de San Ildefonso don Juan José Eguiara y Eguren publicó su *Biblioteca Mexicana* impulsado por un fin patriótico, donde registró los libros publicados en México desde la Colonia. Su obra sirvió de base para la más extensa de don Mariano Beristáin y Souza *Biblioteca hispanoamericana septentrional* de principios del XIX. Pero así como Eguiara y Eguren desarrolló un proyecto de titanes de manera individual, los pocos académicos mexicanos en proporción a nuestra población, siguen trabajando en las mismas circunstancias, por convicción propia de hacer algo por el país pero sin apoyo gubernamental. Baste compararnos con los catálogos que generalmente van actualizando las principales universidades de Estados Unidos donde en secciones de América Latina adquieren tal cantidad de obras que no hay una sola en México que sea comparable, y sí en cambio se gastan enormes fortunas en un proyecto inútil como la Gran Biblioteca Vasconcelos, construida en la Ciudad de México y que ha quedado como un elefante blanco que en nada beneficiará a los puntos donde hay más rezagos en el país, principalmente el sur. No es sólo un caso, el proyecto "Enciclomedia" constituye otra muestra del

[3] Obra consultada por el autor en los Archives de L'Académie Des Sciences, Paris, 22 de junio, 2007.

desconocimiento del país por parte de los dirigentes, de las élites, proponiendo llevar una enseñanza por internet cuando hay miles de escuelas rurales sin luz, agua y mucho menos computadoras.

Prevalece por otra parte, un menosprecio a lo indígena y a lo pobre. Salvo Benito Juárez, primer presidente indígena que hubo en América Latina, no ha habido otro en casi 200 años de vida independiente. Está claro que el indigenismo por sí mismo no constituye garantía, porque todos los ciudadanos son sometidos a la misma presión social de pobreza, ignorancia y violencia, pero está claro que quienes han ocupado la silla presidencial no han tenido buen desempeño. De hecho, no ha habido ningún otro buen presidente salvo el General Lázaro Cárdenas del Río.

En este momento en el cual el camino del deterioro en el país es casi irreversible, de pérdida de nuestra historia y de nuestra identidad, debería entenderse y apuntalarse la necesidad de adquirir una mentalidad metódica y generosa. Todos debemos participar en el proceso de conservación de lo que tenemos y en el proceso de creación. Por ejemplo, así como el estudio de las lenguas indígenas fue realizado por José Agustín Aldana, autor del *Arte de la lengua mexicana* (1754) y Mariano Veytia cultivó la *Historia del México precortesiano y colonial*, en este mismo sentido nacionalista se encuentra *Historia antigua de México*, del jesuita Clavijero quien estudió la vida indígena apoyándose en el valioso material reunido por Sigüenza y Góngora.

El conocimiento existe, y también los recursos económicos, desafortunadamente el dinero del presupuesto se envía en su mayor parte a sostener la enorme burocracia, a mantener con grandes sumas de dinero instituciones ineficientes, salarios estratosféricos de todos los niveles, etc., cuando esos enormes montos invertidos en programas reales que otorguen cobertura educativa a toda la población hasta la universidad y en la ciencia rendirían enormes frutos y serían a largo plazo un garante para alcanzar al mundo desarrollado, pues hemos llegado a un modelo socioeconómico donde la generación de ciencia conduce a la generación de tecnología y ésta al desarrollo económico. Por eso las naciones subdesarrolladas deben impulsar a sus comunidades científicas, de lo contrario seguirán retenidas en las penumbras mentales propias del siglo XVII.

Tristemente, parece que no se ha superado la situación de la cobertura educativa de la época colonial pues en esas fechas las restricciones eran tales, que a través de 300 años, solamente unos 150,000 estudiantes se graduaron de las universidades latinoamericanas coloniales (Mena Soto J, 1966) y ahora, para entrar a la UNAM sólo entra un escaso porcentaje de los aspirante, mientras que lo mismo sucede en el IPN (Avilés K, 2008) y todas las universidades públicas de México. Es urgente, por lo tanto, ampliar la cobertura para formar a todos los jóvenes y alcanzar un 100% de cobertura en primaria, secundaria, preparatoria y quizás 80% en universidad y carreras tecnológicas. Sí existe el presupuesto para hacerlo y se debe canalizar de manera efectiva en educación, de otra manera no solamente seguiremos en los últimos lugares de la Organización para la Cooperación y el Desarrollo Económicos (OCDE) que nos pone en evidencia con el examen *Programme for Indicators of Student Achievement* (PISA), sino que seguiremos en los últimos lugares de los países en vías de desarrollo.

Existen sin embargo, dentro de toda la maraña de mediocridad en la que los políticos tienen sumido al país, algunas actividades productivas como las Olimpiadas de la Ciencia, Verano de la Investigación Científica, etc., pero si hubiera visión de Estado, habría un seguimiento de todas las creaciones de los niños, jóvenes y adultos del país para asesorarles en el registro de sus ideas hasta lograr formar una verdadera escalera del conocimiento en la sociedad.

9. Referencias

1. Abellán JL. Historia crítica del pensamiento español. Espasa Calpe. Madrid, 1981.
2. AGNM. Hospitales. V. 71, Exp. 5, ff. 25-27.
3. AGNM. Universidad. V. 89, ff, 244-247.
4. AHCM, Licencias para la limpieza de la ciudad, vol. 3241, exp. 60.
5. Albornoz M. "Eugenio Espejo, Médico de Quito del siglo XVIII y Hombre de Ciencia", Memorias del Primer Coloquio Mexicano de Historia de la Ciencia, Tomo II, 1964, p. 391-404.
6. Alzate JA. Asuntos varios sobre ciencias y artes. Obra períodica dedicada al Rey N. Sr. (que Dios guarde). Con las licencias necesarias. Impresas en México en la imprenta mexicana del Lic. D. Joseph de Jáuregui en la calle de San Bernardo.
7. Alzate JA. Elogio histórico del doctor José Ignacio Bartolache. Gaz Lit México 4 vols. Puebla Of. Tip. Hosp. De San Pedro, 1831; I:187-413.
8. Alzate JA. "Respuesta del autor de la Gaceta de Literatura a la carta de un pseudoregnícola" Gaceta de Literatura de México Num 22 y 23, 18 de julio y 14 de agosto 1789.
9. Andreu A. Ilustración e ilustraciones, Universidad Politécnica de Valencia, Valencia, 1997, p. 11.
10. Anes G. El Antiguo Régimen: los Borbones. "La sociedad española durante el siglo XVIII". Historia de España. Alfaguara, Vol. IV, Alianza, Madrid, 1978.
11. Arboleda LC. "Science and Nationalism in New Granada on the Eve of the Revolution of Independence", Science and Empires. Historical Studies about Scientific Development and European Expansion, P. Petitjean and C Jami (eds), Dordrecht, Kluwer Academic Publishers, 1992.
12. Avilés Fernández M. Gran historia universal, Vol. VII: La Ilustración y revoluciones burguesas, Nájera, Madrid, 1987, p. 11.
13. Avilés Fernández M. Op cit. "Las ideas" Vol. XII, 1987, p. 11.
14. Avilés Fernández M. Op cit. Vol XII. Ilustración y revoluciones burguesas. 1987, p. 310.
15. Avilés K. http://www.jornada.unam.mx/2008/07/21/in...e=045n1soc
16. Bartolache JI. Lecciones matemáticas que en la Real Universidad de México dictaba... Primer cuaderno, dedicado al Excelentísimo don Carlos Francisco de Croix. México. Impr. Bibl. Mex. 1769.
17. Bartolache JI. Mercurio Volante con noticias importantes y curiosas sobre varios asuntos de física y medicina. México Impr. De Felipe Zúñiga y Ontiveros, 1772-1773.
18. Berveiller M. Mirages et visages du Pérou. Paris, 1959, p. 308-310.
19. Beuchot M. Filósofos mexicanos del siglo XVIII. México. UNAM, 1995: XXXIV (BEU No. 118).
20. Beuchot M. Historia de la filosofía en el México colonial. Barcelona. Herder. 1996.
21. Biblioteca Turriana (15/X/1758). BNM, Fondo de origen, MS 38.
22. Blanco Martínez R. La Ilustración en Europa y en España, Madrid, Endymion, 1999. 283 p.
23. Bret P. Alzate y Ramírez et L'Académie Royale des Sciences de Paris : La Réception des Travaux d'un Savant du Nouveau Monde. En: Aceves Pastrana Patricia (dir.), Periodismo científico en el siglo XVIII: José Antonio de Alzate y Ramírez (Actes de la VIIIe Réunion de la RIHECQB, Mexico, 24-26 novembre 1999), México, Universidad Autónoma Metropolitana-Xochimilco, 2001, pp. 123-205.
24. Buen Abad M. (ed). Gacetas de literatura de México. Por D. José Antonio Alzate Ramírez, socio correspondiente de la Real Academia de las Ciencias de París, del

Real Jardín Botánico de Madrid, y de la Sociedad Bascongada. 4 v. Puebla, reimpresas en la oficina del hospital de S. Pedro, 1831.
25. Carbonell Boria MJ. Libros y bibliotecas. Los inicios de la bibliografía sobre América. En: Vera de Flachs MC. (comp). Universidad e Ilustración en América. Nuevas Perspectivas. Hugo Báez Editorial. Córdoba, Argentina. 2002, p. 14.
26. Cassirer E. La filosofía de la Ilustración, FCE, México, 1981.
27. Castañeda-López G. Consideraciones sobre la historia de la bioquímica en México. An Med Asoc Med Hosp ABC 2002;47(4):232-239.
28. Castillo Martos M. Creadores de la ciencia moderna en España y América. Ulloa, los Delhuyar y del Río descubren el platino, el wolframio y el vanadio. Muñoz Moya. Editores extremeños. 2005.
29. Châtelet F. (dir). La filosofía del mundo moderno, Vol. II Los Ilustrados, siglo XVIII. Espasa Calpe, Madrid, 1984, p. 199.
30. Clavijero FJ. Storia antica del Messico. Cesena, 1780 (vols. I-III), 1781 (vol. IV). Citado por: Gerbi A. La disputa del Nuevo Mundo. Historia de una polémica 1750-1900. 2ª ed. México. FCE. 1982.
31. Clavijero FX. Historia Antigua de México, México, Porrúa, 1974, 4ª ed, p 518b. Citado en: Beuchot M. Historia de la filosofía en el México colonial. Barcelona. Herder. 1996.
32. Cohen RS. Preface. In: Mexican studies in the history and philosophy of science. Ramírez S, Cohen RS. (ed). Boston, USA. Kluwer Academic Publishers. 1995.
33. Crouzet M. (ed). Historia general de las civilizaciones. El siglo XVIII, revolución intelectual, técnica y política (1715-1815), Vol. I, Ediciones Destino. Barcelona, 1981, p. 120-121.
34. Dauban ChA. Lettres en partie inédites de Madame Roland (Mademoiselle Phlipon) aux demoiselles Cannet. París, H. Plon. 1867. 2 vols.
35. Dávalos M. Basura e Ilustración. La limpieza de la ciudad de México a fines del siglo XVIII. Instituto Nacional de Antropología e Historia. Departamento del Distrito Federal. 1997.
36. De Micheli A. La ciencia de la época de la Ilustración en la Nacional y Pontificia Universidad de México. Prensa Méd Méx 1977;42:198-203.
37. De Micheli A. La medicina y la Ilustración en la Nueva España. Gac Méd Méx 1998;134(3):343-349.
38. De Pauw C. "Amérique", en: Supplément à l'Encyclopédie, ou Dictionnaire raisonné des sciences, des arts et des métiers. Amsterdam, M. M. Rey. 1776, vol. I, p. 343-354.
39. De Sales D. De la philosophie de la Nature. Amsterdam. Vols. I-III. 1770, Vols. IV-VI. 1774.
40. Duchhardt H. La época del Absolutismo, Altaya, Barcelona, 1997, p. 181.
41. Enciclopedia de México. Vol. I. SEP. 1987, p.382-383.
42. Estrella E. José Mejía, Primer Botánico Ecuatoriano, Quito, Ediciones Abya-Yala. 1988.
43. Fernández del Castillo F. El Bachiller José Antonio Alzate Ramírez. Su influencia en la ciencia de México. El Médico 1957;59-69.
44. Fernández del Castillo F. (Sr.). Apuntes para la biografía del Pbro. Br. José Antonio Alzate y Ramírez Cantillana. Memorias de la Sociedad Científica "Antonio Alzate". 1867;48:352.
45. Fernández del Castillo F. La Facultad de Medicina. México. UNAM, 1953, p. 39 y 143.
46. Fernández R. La España Moderna. Siglo XVIII, Historia 16, Madrid, 1993, p. 55 y ss.
47. Fernández Sanz A. Jovellanos (1744-1811), Ediciones del Orto, Madrid, 1995, p. 17.
48. Fernández Sanz A. "La Ilustración europea y su repercusión en España" en Revista Paideia; Sociedad de profesores de vflosfía española, Madrid, segunda época, año XIII, abril-junio 1992, p. 264.

49. Florescano E. Historia de las historias de México. De la patria criolla a la historia de la nación. La Jornada, México, D.F. Año 17. No. 5906. Viernes 9 de febrero del 2001. Suplemento mensual.
50. Fróes da Fonseca MR. La construcción de la patria por el discurso científico: México Brasil (1770-1830). Secuencia 1999;45:5-26.
51. García de Cortázar F, González Vesga JM. Breve Historia de España, 2ª ed, España, Alianza, 2004.
52. Gazeta de México 1799;9:219.
53. Gerbi A. La de las indias nuevas. De Cristóbal Colón a Gonzalo Fernández de Oviedo. FCE. México. 1978, p. 15-16.
54. Gerbi A. La disputa del Nuevo Mundo. Historia de una polémica 1750-1900. 2ª ed. México. FCE. 1982.
55. Glick Thomas, "Science and Independence in Latin America (with Special Reference to New Granada)", Hispanic American Historical Review, 71, 1991, p. 307-334.
56. González AL. Planificación regional en el Valle de México, Boletín de la Sociedad Mexicana de Geografía y Estadística, t. 89, núms. 1-3, México, ene-jun. 1960, p. 181.
57. González Casanova P. El misoneísmo y la modernidad cristiana en el siglo XVIII. México, El Colegio de México, 1948, p. 200-201.
58. Greig JYT. (ed.). The letters of David Hume. Oxford, Clarendon Press. 1932. 2 vols.
59. Hankins TH. Ciencia e Ilustración, México, Siglo XXI. 1988.
60. Hegel GWF. Vorlesungen über die Philosophie der Geschicte, ed. F. Brunstäd, Leipzig, s. a. [ca. 1907], p. 134. Citado en: Gerbi A. La Disputa del Nuevo Mundo. 2ª ed. México. FCE. 1982, p. 29.
61. Hernández Luna J. José "Antonio Alzate". México, Secretaría de Educación Pública, "Biblioteca Enciclopédica Familiar, 41". 1945.
62. Hernández Luna J. Libro de bautizos de españoles 1735 a 1775.
63. Islas V, Sánchez JF. Historia de la farmacia en México y en el Mundo, México, Asociación Farmacéutica Mexicana. 1992.
64. Izquierdo JJ. La primera casa de las ciencias en México. El Real Colegio de Minería (1792-1811). México, Ediciones Ciencia, 1958;271.
65. Juliá S, Martínez A. Teoría e Historia de los sistemas sociales. Universidad Nacional de Educación a Distancia, Madrid, 1988, p. 133.
66. Kames L. Sketches of the History of Man. Third edition. Dublin. 1779, 2 Vols. Citado en: Gerbi A. La disputa del Nuevo Mundo. Historia de una polémica 1750-1900. 2ª ed. México. FCE. 1982.
67. Kant I. Beantwortung der Frage: Was ist Aufklärung? Berlinische Monatsschrift 1784, Dezember.
68. Keen B. The Aztec Image in Western Thought, New Brunswick, 1971.
69. Labrador Herráiz C, de Pablos JC. La educación en los papeles periódicos de la Ilustración española. MEC-CIDE, Madrid, 1989, p. 19.
70. Lacadena Calero E. La prensa en el siglo XVIII, Playor, Madrid, 1985, p. 21.
71. Lafitau JF. Moeurs des sauvages americains comparées aux moeurs des premiers temps 1724.
72. Lavallé B. Las promesas ambiguas. Criollismo colonial en los Andes, Pontificia Universidad Católica del Perú, Instituto Riva-Agüero, 1993.
73. Lelley S. Hombres máquinas e historia. Artiach, Madrid, 1973, p 316 y ss.
74. León N. Biblioteca botánico-mexicana. Catálogo bibliográfico, biográfico y crítico de autores y escritos referentes a vegetales de México y sus aplicaciones, desde la conquista hasta el presente, México, Oficina tipográfica de la Secretaría de Fomento, 1895.

75. Lértora Mendoza CA. Teoría de la materia en el último período jesuita novohispano. Apuntes para una controversia. En: Vera de Flachs MC. (comp). Universidad e Ilustración en América. Nuevas Perspectivas. Hugo Báez Editorial. Córdoba, Argentina. 2002, p. 55.
76. Luján Muñoz J. V. La independencia y la unión a México. En: Luján Muñoz J. Historia contemporánea de Guatemala. FCE. México. 1998.
77. Luque E. La Sociedad Económica de Amigos del País de Guatemala, Sevilla, Escuela de Estudios Hispano-Americanos de Sevilla. 1962.
78. Marañón G. Las ideas biológicas del padre Feijóo. Madrid. Ed. Espasa Calpe, 1934:156-158.
79. Marqués de Lozoya. Historia de España, Salvat, Barcelona, 1967, Vol. V, p. 228.
80. Martínez Arancón A. Historia de la filosofía española. Ediciones Libertarias, Madrid, 1986,
81. Martínez S. La patria del criollo, Puebla, Universidad Autónoma de Puebla. 1982.
82. Mártir de Angleria P. Décadas del Nuevo Mundo, VII, 4; trad. J. Torres Asensio, ed. De Buenos Aires, 1944.
83. Melvilla Ker A. A Survey of Mexican Scientific Periodicals. To which are appended some notes on mexican historical periodicals. The Harvey Bassler Foundation. 1931.
84. Mena Soto J. La Universidad Latinoamericana. International Review of Education/Internationale Zeitschrift für Erziehungswissenschaft/Revue internationale l'éducation. 1966; 12(4):432-449.
85. Molina M. El Real Tribunal de Minería de Lima (1785-1821), Sevilla, Diputación Provincial de Sevilla. 1986.
86. Montesquieu. Mélanges inédits, Burdeos, 1892.
87. Morel EE. Disertación sobre la utilidad de la inoculación. Ex. Ayunt. Policía, Salubridad, Epidemia Viruela. Y. 3678, p. 255. T.I. Exp. 2, ff. 1-63. 1779.
88. Moreno Montes de Oca R. La filosofía de la Ilustración en México y otros escritos. UNAM. México. 2000.
89. Moreno Montes de Oca R. El Br. José Antonio Alzate y la Filosofía de la Ilustración. Memoria y Revista de la Academia Nacional de Ciencias. 57:55-84. 1952.
90. Moreno de los Arcos R. (ed). Nueva Biblioteca Mexicana. 76. José Antonio de Alzate y Ramírez. Obras I. Periódicos. 4ª ed. UNAM. Instituto de Investigaciones Bibliográficas.1980.
91. Moreno de los Arcos R. (ed). José Antonio Alzate, Gaceta de Literatura. México. Instituto de Investigaciones Históricas. UNAM. 1987. t. I.
92. Navarro B. Alzate. Símbolo de la Cultura Ilustrada Mexicana. Memorias y Revista de la Academia Nacional de Ciencias. 57:85. 1952.
93. Ordóñez J. Ciencia, tecnología e historia. ITESM. FCE. 2001.
94. Perey L, Maugras G. Correspondence avec Madame d'Épinay, Madame Necker, Madame Geoffrin, Diderot, Grim, d'Alembert, de Sartine, d´Holbach, etc. 12 ed. Paris. C. Lévy. 1881. 2 vols.
95. Pernety AJ. Dissertation sur l'Amérique et les Américains, contre les Recherches philosophiques de Mr. De Pauw. Berlín, 1771.
96. Peset JL. Ciencia y libertad. El papel del científico ante la Independencia americana, Madrid, CSIC, 1987.
97. Puglia SF. El desengaño del hombre. USA. 1794.
98. Ramos S. Historia de la Filosofía en México. México. Cien de México. 1993.
99. Reglá J (Dir.): Historia de España ilustrada, Vol. II, Ramón Sopeña, Barcelona, 1978, p. 595-596.
100. Robertson W. History of America, 4 V. London, 1812.

101. Rosenblat A. (ed). Garcilaso de la Vega, el Inca. Comentarios reales de los Incas. Buenos Aires, Emecé, 1943, 2 vols.
102. Saladino A. La ciencia entre los Ilustrados del Nuevo Mundo, Tesis de Doctorado en Estudios Latinoamericanos (asesor: Saldaña JJ), Facultad de Filosofía y Letras, UNAM. 1988.
103. Saldaña JJ. Ilustración, Ciencias y Técnica en América. En: Soto Arango D, Puig Samper MA, Arboleda LC, (eds). La Ilustración en América Colonial. Consejo Superior de Investigaciones Científicas, Ediciones Doce Calles, Colciencias. Madrid, España. 1995. p. 19-53.
104. Saldaña JJ. "Nacionalismo y Ciencia Ilustrada en América", Ciencia, Técnica y Estado de la España Ilustrada, Madrid, Ministerio de Educación y Ciencia. 1990.
105. Saldaña JJ. "The Failed Search for "Useful Knowledge": Enlightened Scientific and Technological Policies in New Spain", Cross Cultural Diffusion of Science: Latin America, Cuadernos de Quipu 2, México, Sociedad Latinoamericana de Historia de las Ciencias y la Tecnología. 1987.
106. Sánchez FR. José Ignacio Bartolache... Bol AGNM 2ª serie, 1972-1976,13:187-216.
107. Sarrailh J. La España ilustrada de la segunda mitad del siglo XVIII. FCE, México, 1985.
108. Secretaría de Fomento. Gacetas de literatura de México. Por D. José Antonio Alzate Ramírez, socio correspondiente de la Real Academia de las Ciencias de París, del Real Jardín Botánico de Madrid, y de la Sociedad Bascongada. 4 V. México, Oficina Tip. De la Secretaría de Fomento, 1893-1897. (Ediciones del "Boletín" de la Sociedad Agrícola Mexicana.).
109. Sigüenza y Góngora C. Mercurio Volante con la noticia de la recuperación de las provincias del Nuevo México...México Impr. Her. De la viuda de Bernardo Calderón, 1693.
110. Soto Arango D, Puig-Samper MA, González-Ripoll MD. (ed). Científicos criollos e Ilustración. Ediciones Doce Calles, S.L. España, 1999, p. 9.
111. Tanck de Estrada D. "Justas florales de los botánicos ilustrados", Diálogos (México), 1982, p. 106.
112. Trabulse E. "Tres momentos de la heterodoxia científica en el México colonial", Quipu, Revista Latinoamericana de Historia de las Ciencias y la Tecnología, México, vol. 5, 1, 1988, p. 7-18.
113. Varios autores. Revista de Educación, número extraordinario-1988. "La educación en la Ilustración Española", Cfr. Capítulos: Luis Reiss Torgal "Ilustración y Educación en Portugal. Perspectivas Históricas"; Dominique Juliá: "Educación e Ilustración en Francia". Los cambios en el sistema educativo en Francia en el siglo XVIII"; Giovanni Stiffoni: "Educación e Ilustración en Italia"; Ulrich Hermann: "Educación y formación durante la Ilustración en Alemania", p. 59-132.
114. Vico Monteoliva M. "Utopía, educación e Ilustración en España", en Revista de Educación, Número extraordinario 1988, p. 487.

www.ingramcontent.com/pod-product-compliance
Ingram Content Group UK Ltd.
Pitfield, Milton Keynes, MK11 3LW, UK
UKHW061817190726
13853UKWH00006B/2200

9 786070 071393